একটু ভালোবাসা ধার দেবে

মমিনুল আমিন

Made with ❤ on the Notion Press Platform

www.notionpress.com

CONTENTS

ভূমিকা

সব গল্পের একটা শেষ থাকে—এই কথাটা আমরা ছোটবেলা থেকে শুনে আসি। কিন্তু কিছু গল্প আছে, যেগুলো শেষ হয় না, শুধু থেমে যায় একটা জায়গায় এসে। যেখানে আর কোনো ঝড় নেই, কোনো তাড়া নেই, শুধু থাকে নীরব এক শান্তি।

এই গল্পটাও ঠিক তেমনই।

এখানে জেতা-হারার হিসাব নেই, নেই প্রতিশোধের আগুন। এখানে আছে ধীরে ধীরে বদলে যাওয়া এক মানুষ, যে বুঝতে শিখেছে—সবকিছু পাওয়া মানেই সুখ না, আর সবকিছু হারিয়েও মানুষ ভেঙে পড়ে না।

অনেক পথ পেরিয়ে, অনেক ভুল বুঝে, অনেক কষ্টের ভেতর দিয়ে এসে সে আজ দাঁড়িয়ে আছে এমন এক জায়গায়, যেখানে তার আর কিছু প্রমাণ করার নেই। শুধু থাকার আছে।

এই অধ্যায় কোনো সমাপ্তি না—

এটা সেই মুহূর্ত, যেখানে গল্প থামে,

আর জীবন আস্তে আস্তে শুরু হয়।

অধ্যায় ১: সাফল্যের শিখর

কাঁচের দেয়ালঘেরা ঘরগুলো সবসময় একই রকম লাগে।

বাইরে থেকে দেখলে মনে হয় ভেতরে যারা বসে আছে, তারা অন্যরকম মানুষ।
তাদের জীবন আলাদা, চিন্তা আলাদা, এমনকি তাদের সমস্যাগুলোও আলাদা।

কিন্তু ভেতরে ঢুকলেই বোঝা যায়—
সব মানুষ একই রকম।
শুধু কেউ সেটা লুকিয়ে রাখতে পারে, কেউ পারে না।

ঘরের মাঝখানে একটা লম্বা টেবিল।
টেবিলের ওপরে সাদা কাগজ, কালো ফাইল, আর কিছু ভারী নীরবতা পড়ে আছে।

এই নীরবতাটা কেউ ভাঙতে পারছে না।

কারণ ঘরের এক প্রান্তে বসে আছে একজন মানুষ—
যার একটা কথাই আজ সবকিছু ঠিক করবে।

তার নাম—আরহান সাইফ।

সে খুব আরামে বসে আছে।

চেয়ারটা একটু পেছনে হেলানো।

একটা হাত টেবিলের ওপর , অন্য হাতটা খুব ধীরে ধীরে আঙুলে আঙুল ছুঁয়ে ছুঁয়ে যাচ্ছে।

দেখলে মনে হবে—সে কিছুই করছে না।

কিন্তু যারা তাকে চেনে, তারা জানে—

এই "কিছু না করা"টাই তার সবচেয়ে বড় কাজ।

সে যখন চুপ থাকে, তখনই সে সবচেয়ে বেশি ভাবছে।

তার সামনে রাখা ফাইলটা খোলা।

ভেতরে একটা বিশাল প্রজেক্টের ডিজাইন।

একটা শহরের ভেতরে আরেকটা শহর বানানোর পরিকল্পনা।

কাঁচ, আলো, ছায়া—সব মিলিয়ে এমন কিছু, যেটা দেখলে মানুষ থমকে যাবে।

এই ডিজাইনটাই আজ তাকে এখানে এনে বসিয়েছে।

একজন বিদেশি ক্লায়েন্ট তার দিকে তাকিয়ে আছে।

লোকটার মুখে হালকা হাসি, কিন্তু চোখে স্পষ্ট অস্থিরতা।

সে গলা খাঁকারি দিল।

“Mr. Arhan··· we’ve been waiting.”

আরহান তাকাল না।

সে পানির গ্লাসটা হাতে নিল।

খুব ধীরে এক চুমুক খেল।

তারপর গ্লাসটা আবার ঠিক আগের জায়গায় রাখল।

এই ছোট ছোট কাজগুলো সে খুব মন দিয়ে করে।

যেন সবকিছু ঠিক জায়গায় থাকা দরকার।

যদিও সে জানে—

জীবনের সবচেয়ে গুরুত্বপূর্ণ জিনিসগুলো কখনো ঠিক জায়গায় থাকে না।

তার পাশে দাঁড়িয়ে থাকা তার সহকারী নিচু গলায় বলল,

“স্যার··· সবাই রেডি।”

আরহান এবার একটু মাথা তুলল।

চোখ দুটো একবার ঘরের সবাইকে ঘুরে দেখল।

এই চোখের দিকে মানুষ বেশি সময় তাকিয়ে থাকতে পারে না।

কারণ এই চোখে খুব কম আবেগ আছে।

যেখানে আবেগ কম, সেখানে ভয় একটু বেশি থাকে।

সে খুব শান্ত গলায় বলল,
"ডিজাইনটা ভালো লেগেছে?"

একজন বিদেশি তাড়াতাড়ি বলল,
"It's beyond perfect."

আরহান হালকা মাথা নাড়ল।

"পারফেক্ট জিনিসটা কেমন, জানো?"

লোকটা একটু থেমে গেল।
হয়তো ভাবছে—এটা কি প্রশ্ন, না পরীক্ষা?

আরহান নিজেই উত্তর দিল,

"যেটার কোনো ত্রুটি চোখে পড়ে না··· কিন্তু ভেতরে কোথাও একটা ফাঁক থাকে।"

ঘরের ভেতর আবার নীরবতা নেমে এলো।

কেউ বুঝল না—সে ডিজাইনের কথা বলছে, না নিজের।

সে ফাইলটা বন্ধ করল।

তারপর আবার খুলল।

এই কাজটা সে ইচ্ছে করেই করল।

সময় নিচ্ছে।

সময় নেওয়া তার অভ্যাস।

কারণ যারা অপেক্ষা করে, তারা ভুল কম করে।

আর যারা অপেক্ষা করায়, তারা জিতে যায়।

তার আঙুল কলমের দিকে এগোল।

কলমটা সাধারণ।

কালো।

কিন্তু এই মুহূর্তে এই কলমটাই সবচেয়ে দামি জিনিস।

সে কলমটা তুলে নিল।

একটু থামল।

তারপর সাইন করল।

Arhan Saif

সাইনটা খুব সুন্দর।

পরিষ্কার।

যেন কোনো দ্বিধা নেই।

কিন্তু সত্যিটা হলো—

এই মানুষটা কখনোই পুরোপুরি নিশ্চিত না।

সাইন শেষ হতেই ঘরের ভেতর চাপা উত্তেজনা ভেঙে গেল।

হাততালি শুরু হলো।

একজন বলল, “Amazing deal!”

আরেকজন বলল, “You’re a genius!”

আরহান দাঁড়িয়ে গেল।

একজন একজন করে সবার সাথে হাত মেলাতে লাগল।

তার মুখে হালকা হাসি।

একদম পরিমিত।

এই হাসিটা সে শিখে নিয়েছে।

ব্যবসার জন্য দরকারি হাসি।

একজন ক্লায়েন্ট হেসে বলল,

“আপনার মতো লোকদের জীবনে তো কোনো সমস্যা থাকার কথা না , right?”

প্রশ্নটা খুব সাধারণ।

কিন্তু কিছু প্রশ্নের উত্তর দেওয়া উচিত না।

আরহান একটু থামল।

তারপর বলল,

"সবচেয়ে বড় সমস্যা হলো—যখন কোনো সমস্যাও অনুভব হয় না।"

লোকটা হেসে ফেলল।

সে বুঝতে পারেনি।

আরহান ব্যাখ্যা করল না।

সে কখনোই নিজের ভেতরের জিনিস কাউকে বোঝাতে চায় না।

মিটিং শেষ হয়ে গেল।

এক এক করে সবাই বের হয়ে গেল।

ঘরটা ধীরে ধীরে ফাঁকা হয়ে এলো।

শেষে শুধু আরহান রইল।

সে দাঁড়িয়ে রইল কিছুক্ষণ।

তারপর কাঁচের দেয়ালের কাছে গিয়ে দাঁড়াল।

নিচে শহরটা ছড়িয়ে আছে।

গাড়ি চলছে, মানুষ হাঁটছে, আলো জ্বলছে।

সবকিছু খুব ছোট দেখাচ্ছে।

উঁচুতে উঠলে সবকিছু ছোট লাগে।

সমস্যাগুলোও ছোট লাগে।

কিন্তু এক ধরনের সমস্যা আছে—

যেটা দূর থেকে ছোট লাগে, কাছে গেলে বিশাল হয়ে যায়।

সে কাঁচে নিজের প্রতিচ্ছবি দেখল।

একজন সফল মানুষ।

দামী স্যুট।

পরিষ্কার চুল।

শান্ত মুখ।

সব ঠিক আছে।

শুধু চোখ দুটো ঠিক নেই।

চোখের ভেতরে একটা ফাঁকা জায়গা।

সে খুব আস্তে বলল,

“এইটুকুই?”

কাঁচ কোনো উত্তর দিল না।

কাঁচ কখনো দেয় না।

ফোনটা বেজে উঠল।

সে তাকাল।

স্ক্রিনে একটা শব্দ জ্বলছে—

“Wife”

শব্দটা নতুন।

এখনো একটু অচেনা।

সে কিছুক্ষণ তাকিয়ে রইল।

তারপর কলটা রিসিভ করল।

ওপাশ থেকে মেয়েটার কণ্ঠ—

“আপনি কখন আসবেন?”

কণ্ঠটা মিষ্টি।

কিন্তু সেই মিষ্টির ভেতরে যেন একটু দূরত্ব আছে।

যেন খুব কাছে থেকেও কেউ দূরে দাঁড়িয়ে আছে।

আরহান সংক্ষেপে বলল,

“কাজ শেষ। আসছি।”

ওপাশে একটু নীরবতা।

মেয়েটা হয়তো কিছু বলতে চেয়েছিল।

কিন্তু আরহান অপেক্ষা করল না।

কলটা কেটে দিল।

কথা বাড়ানোর মতো কিছু তার নেই।

সে ফোনটা পকেটে রাখল।

আরেকবার কাঁচের দিকে তাকাল।

নিজেকে চিনতে চেষ্টা করল।

পুরোপুরি চিনতে পারল না।

সে ধীরে ধীরে দরজার দিকে হাঁটতে শুরু করল।

তার পায়ের শব্দ খুব হালকা।

যেন সে কারো ঘুম ভাঙাতে চায় না।

কিন্তু সত্যিটা হলো—

তার নিজের ভেতরেই অনেক কিছু ঘুমিয়ে আছে।

আর সে ভয় পায়—

সেগুলো যদি একদিন জেগে ওঠে।

দরজা খুলে সে বাইরে বের হয়ে গেল।

কাঁচের ঘরটা পেছনে রয়ে গেল।

যেন কিছুই হয়নি।

কিন্তু কিছু একটা হয়েছে।

সবসময়ই কিছু একটা হয়—

যেটা চোখে দেখা যায় না।

লিফটের দরজাটা বন্ধ হতেই চারপাশের শব্দ কেমন যেন নিঃশব্দ হয়ে গেল।

কাঁচের ঘর থেকে বেরিয়ে আসার পর এই জায়গাটা সবসময়ই একটু আলাদা লাগে — এখানে কেউ কথা বলে না, কেউ হাসে না, শুধু নিচে নামা আর উপরে ওঠার একটা যান্ত্রিক শব্দ।

আরহান আয়নার দিকে তাকাল না প্রথমে।

সে সবসময় একটু দেরিতে নিজের দিকে তাকায়।

লিফট নামতে শুরু করল।

ডিজিটাল সংখ্যাগুলো এক এক করে বদলাচ্ছে—১০··· ৯··· ৮···

তার মাথার ভেতরেও যেন কিছু একটা একইভাবে নামছে।

ধীরে ধীরে।

হঠাৎ সে আয়নার দিকে তাকাল।

একই মুখ।

একই ঠান্ডা চোখ।

কিন্তু আজ একটু ক্লান্ত লাগছে।

সে নিজের দিকে তাকিয়ে মনে মনে বলল—

"সব ঠিক আছে।"

তারপর নিজেই উত্তর দিল—

"না, কিছু একটা ঠিক নেই।"

এই দুইটা কণ্ঠ তার ভেতরে প্রায়ই কথা বলে।

একটা বলে—সব ঠিক, অন্যটা বলে—কিছুই ঠিক না।

লিফট থামল।

দরজা খুলে গেল।

বাইরের আলো একটু বেশি উজ্জ্বল।

সে চোখ কুঁচকে বাইরে বের হলো।

গাড়িটা আগেই এসে দাঁড়িয়ে আছে।

কালো, চকচকে, নিখুঁত।

ড্রাইভার দ্রুত এগিয়ে এসে দরজা খুলে দিল।

"স্যার।"

আরহান কোনো কথা বলল না।

শুধু মাথা নেড়ে ভেতরে বসে পড়ল।

দরজা বন্ধ হতেই বাইরের শব্দগুলো কেটে গেল।

গাড়ির ভেতরে এক ধরনের নরম নিস্তব্ধতা।

ড্রাইভার জিজ্ঞেস করল,

"বাড়ি, স্যার?"

আরহান একটু থামল।

"হ্যাঁ।"

গাড়ি ধীরে ধীরে চলতে শুরু করল।

শহরের আলো একটার পর একটা পেছনে সরে যাচ্ছে।

রাস্তার লাইটগুলো কাঁচে লম্বা দাগ ফেলে যাচ্ছে।

আরহান মাথা সিটে হেলিয়ে দিল।

চোখ বন্ধ করল না।

সে কখনো সহজে চোখ বন্ধ করে না।

চোখ বন্ধ করলেই কিছু জিনিস ভেসে ওঠে—

যেগুলো সে দেখতে চায় না।

তার ফোনটা আবার হালকা কেঁপে উঠল।

সে বের করল।

একটা মেসেজ।

“আপনি কি খেয়েছেন?”

নাম লেখা নেই।

তবুও সে জানে—এই মেসেজটা কার।

তার স্ত্রী।

আরহান কিছুক্ষণ স্ক্রিনের দিকে তাকিয়ে রইল।

এই প্রশ্নটা খুব সাধারণ।

খুব স্বাভাবিক।

কিন্তু তার কাছে অদ্ভুত লাগে।

কেউ তাকে শেষ কবে এমন করে জিজ্ঞেস করেছিল—সে মনে করতে পারে না।

সে রিপ্লাই দিল না।

ফোনটা আবার পকেটে রেখে দিল।

ড্রাইভার রিয়ার ভিউ মিররে একবার তাকাল।

কিছু বলতে চাইল, বলল না।

এই মানুষটার সাথে কেউ বেশি কথা বলে না।

কারণ সে সুযোগ দেয় না।

গাড়ির ভেতরে হালকা একটা পারফিউমের গন্ধ।

নতুন গাড়ির মতো পরিষ্কার।

সবকিছু এত নিখুঁত যে মাঝে মাঝে বিরক্ত লাগে।

নিখুঁত জিনিসে কোনো গল্প থাকে না।

হঠাৎ গাড়ি একটা সিগনালে থামল।

বাইরে কিছু বাচ্চা ফুল বিক্রি করছে।

একটা ছোট মেয়ে কাঁচে টোকা দিল।

টক… টক…

আরহান তাকাল।

মেয়েটার চোখে মাটি, চুল এলোমেলো, কিন্তু হাসিটা অদ্ভুত সুন্দর।

সে ফুলটা তুলে ধরল।

"ভাইয়া, নেন না..."

আরহান কিছুক্ষণ তাকিয়ে রইল।

তার মাথার ভেতর হঠাৎ খুব পুরোনো একটা অনুভূতি নড়ে উঠল।

কিন্তু সে সেটা চিনতে পারল না।

সে জানালাটা নামাল না।

শুধু চোখ সরিয়ে নিল।

সিগনাল সবুজ হলো।

গাড়ি আবার চলতে শুরু করল।

মেয়েটা পেছনে রয়ে গেল।

সবকিছু সবসময় পেছনে রয়ে যায়।

শুধু কিছু জিনিস সামনে আসে না।

আরহান আবার কাঁচের দিকে তাকাল।

এইবার নিজের প্রতিচ্ছবি স্পষ্ট।

রাস্তার আলো তার মুখের ওপর পড়ছে, আবার সরে যাচ্ছে।

মনে হচ্ছে—তার মুখটাও বদলে যাচ্ছে।

একবার আলো, একবার অন্ধকার।

সে ধীরে ধীরে চোখ বন্ধ করল।

এইবার নিজেকে আটকাতে পারল না।

ভেতর থেকে একটা স্মৃতি ধাক্কা দিল।

একটা শব্দ।

চিৎকার।

একটা দরজা।

একটা অন্ধকার ঘর।

সে হঠাৎ চোখ খুলে ফেলল।

শ্বাসটা একটু ভারী হয়ে গেছে।

ড্রাইভার আবার মিররে তাকাল।

"স্যার, সব ঠিক আছে?"

আরহান খুব সংক্ষেপে বলল,

"গাড়ি চালাও।"

কণ্ঠটা আগের চেয়ে একটু কঠিন।

ড্রাইভার আর কিছু বলল না।

গাড়ি দ্রুত চলতে লাগল।

কিন্তু আরহানের ভেতরের সময় থেমে গেছে।

সে আবার কাঁচের দিকে তাকাল।

এইবার সে নিজের মুখ দেখছে না।

সে অন্য কিছু দেখছে।

কিছু খুব পুরোনো।

খুব ভয়ঙ্কর।

যেটা সে অনেকদিন ধরে ভুলে থাকতে চেয়েছে।

কিন্তু কিছু স্মৃতি আছে—
যেগুলোকে যতই দূরে ঠেলে দাও,
একসময় তারা নিজে থেকেই ফিরে আসে।

আরহান খুব আস্তে নিজের ঠোঁট কামড়াল।

যেন নিজেকে ধরে রাখছে।

তারপর খুব নিচু গলায় বলল—
“না… আজ না…”

কিন্তু স্মৃতিগুলো কারো কথা শোনে না।

গাড়ি শহরের ভিড় পেরিয়ে এগিয়ে যাচ্ছে।

আর তার ভেতরে—

অতীতের দরজাটা আস্তে আস্তে খুলে যাচ্ছে…

গাড়ি গেটের সামনে থামতেই পাহারাদার দৌড়ে এসে দরজা খুলল। বড় লোহার গেট ধীরে ধীরে সরে গেল। ভেতরে ঢুকতেই নরম আলোয় ভেসে উঠল বাড়িটার বিশালতা — সাজানো বাগান, সোজা পাথরের পথ, দু'পাশে ল্যাম্পপোস্ট। সবকিছু নিখুঁত। অদ্ভুতভাবে নিখুঁত। আরহান নেমে একবার চারপাশে তাকাল, তারপর সোজা ভেতরে হাঁটল। তার হাঁটার শব্দও যেন এই বাড়িতে মাপা—অতিরিক্ত কিছু নেই।

ড্রইংরুমে ঢুকতেই সে থামল। সোফার পাশে দাঁড়িয়ে আছে মেয়েটা। সাদা-হালকা নীল শাড়ি, মাথায় ওড়না, চোখে সরল এক ধরনের দ্বিধা। কয়েক সেকেন্ড দু'জনেই কিছু বলল না। নীরবতা প্রথমে দেয়াল ছুঁলো, তারপর তাদের মাঝখানে এসে দাঁড়াল।

মেয়েটা আগে কথা বলল, "আপনি এলেন?" কণ্ঠটা নরম, কিন্তু পুরোপুরি স্বাভাবিক নয়—যেন শব্দগুলো আগে ভেবে নিয়ে বলা।

আরহান সংক্ষিপ্ত উত্তর দিল, "হ্যাঁ।"

"খাবার গরম আছে," মেয়েটা বলল, "আপনি আগে খেয়ে নেবেন?"

আরহান জুতো খুলে পাশে রাখল। "খেয়েছি।"

মেয়েটা একটু থামল, তারপর বলল, "ঠিক আছে।"

এতটুকুই। কথাগুলো ছোট, মাপা, ভদ্র। কিন্তু ভদ্রতার ভেতরে একধরনের দূরত্ব থাকে, যেটা স্পষ্ট। আরহান সেটা লক্ষ্য করল। সে লক্ষ্য করে —কিন্তু দেখায় না। সে ধীরে ধীরে সোফায় বসল। টেবিলের ওপর রাখা ম্যাগাজিন উল্টে দেখার ভান করল। চোখ আসলে অন্য জায়গায়—মেয়েটার দিকে। মেয়েটা রান্নাঘরের দিকে হাঁটল, আবার ফিরে এসে জিজ্ঞেস করল, "চা দেব?"

"না।"

"কফি?"

"না।"

মেয়েটা আর কিছু বলল না। সে পাশে দাঁড়িয়ে রইল কয়েক সেকেন্ড, যেন বুঝতে চাইছে—এই মানুষটার সাথে কথা কোথা থেকে শুরু করতে হয়। তারপর আস্তে করে বলল, "আজ খুব দেরি হলো।"

আরহান তাকাল না। "কাজ ছিল।"

"ডিলটা হয়ে গেছে?"

এই প্রশ্নে সে একটু তাকাল। "হ্যাঁ।"

মেয়েটার চোখে হালকা উজ্জ্বলতা এল, "ভালো তো।"

আরহান খুব সামান্য মাথা নাড়ল। তার কাছে 'ভালো' শব্দটার মানে আলাদা—এখানে সেটা শুধু একটা তথ্য।

একটা ছোট বিরতি এল। বিরতিটা অস্বস্তিকর না, কিন্তু উষ্ণও না। মাঝামাঝি কোথাও। মেয়েটা টেবিলে একটা গ্লাস রাখল, "পানি।"

আরহান গ্লাসটা হাতে নিল, এক চুমুক খেল। গ্লাস রাখার সময় খেয়াল করল —মেয়েটার হাত কাঁপছে খুব সামান্য। সে কিছু বলল না। শুধু দেখল। এই দেখাটাই তার অভ্যাস —প্রশ্ন না করে বোঝা।

“আপনি ক্লান্ত?” মেয়েটা জিজ্ঞেস করল।

“না।”

“তবুও… একটু বিশ্রাম নিলে ভালো হয়।”

আরহান বলল, “আমি ঠিক আছি।”

মেয়েটা মাথা নাড়ল। সে আর কথা বাড়াল না। বুঝে গেছে —এই মানুষটা কথা দিয়ে দেয়াল তোলে। দেয়াল ভাঙতে শব্দ লাগে না , সময় লাগে। সে চুপচাপ পাশে সোফায় বসল, দু'হাত একসাথে জড়িয়ে রাখল। তার চোখে কৌতূহল আছে , ভয়ও আছে—কিন্তু সবচেয়ে বেশি আছে একটা চেষ্টা, সম্পর্কটাকে কোথাও দাঁড় করানোর চেষ্টা।

আরহান সেই চেষ্টাটা টের পেল। কিন্তু সে অভ্যস্ত না। তার ভেতরে অন্য একটা কণ্ঠ বলল—“দূরে থাকাই সহজ।” আরেকটা কণ্ঠ বলল—“এটা কি সবসময় সহজ?” সে কোনো কণ্ঠকেই জবাব দিল না।

ঘরের ভেতরে ঘড়ির টিকটিক শব্দ শোনা যাচ্ছে। সময় এগোচ্ছে , কিন্তু কথোপকথন এগোচ্ছে না। আরহান হঠাৎ উঠে দাঁড়াল। “আমি রুমে যাচ্ছি।”

মেয়েটা তাড়াতাড়ি বলল, “আমি… আমি কি কিছু লাগবে?”

“না।”

সে সিঁড়ির দিকে হাঁটল। দু 'ধাপ উঠেই থামল। পেছনে তাকাল না , তবু বলল, “খেয়ে নিও।”

মেয়েটা খুব আস্তে বলল, “ঠিক আছে।”

আরহান উপরে উঠে গেল। করিডোরে আলো কম। তার রুমের দরজা খুলে ভেতরে ঢুকে সে কয়েক সেকেন্ড দাঁড়িয়ে রইল। এই ঘরটাও নিখুঁত —বিছানা, পর্দা, বুকশেলফ, সবকিছু ঠিক জায়গায়। নিখুঁত জিনিসের একটা সমস্যা আছে —ওগুলোতে মানুষের ছাপ কম থাকে। তাই উষ্ণতাও কম থাকে।

সে কোট খুলে চেয়ারে রাখল, টাই আলগা করল। আয়নার সামনে গিয়ে দাঁড়াল। নিজের দিকে তাকাল। একই মুখ, একই চোখ। সে খুব আস্তে বলল, "তুমি ঠিক আছো?" উত্তর এল না। আয়না শুধু ছবি ফেরত দেয়, ভেতর না।

নিচে কোথাও বাসনের হালকা শব্দ হলো —মেয়েটা হয়তো একা বসে খাচ্ছে। আরহান শুনল, কিন্তু নড়ল না। সে জানে, এই দূরত্বটা তার নিজের বানানো। তবু সে সেটা কমায় না। কারণ দূরত্বে আঘাত কম লাগে—এটা সে বহু আগে শিখেছে।

সে বিছানায় বসল। জানালার পর্দা একটু সরিয়ে বাইরে তাকাল। বাগানের আলো স্থির। কোনো ঝড় নেই, কোনো শব্দ নেই। বাইরে শান্তি। ভেতরে না। সে চোখ বন্ধ করতে গেল , আবার খুলে ফেলল। মনে হলো —চোখ বন্ধ করলেই কিছু পুরোনো দরজা খুলে যাবে। সে ফিসফিস করে বলল, "আজ না।" কিন্তু ভেতরের দরজাগুলো কখনো অনুমতি নেয় না। সে চুপ করে শুয়ে রইল। ঘড়ির টিকটিক চলতে থাকল। আরহান জানে —এই রাতের ভেতরেই কোথাও তার অতীত অপেক্ষা করে আছে , ধৈর্য ধরে। একটু সুযোগ পেলেই সামনে এসে দাঁড়াবে। সে শুধু সময় নিচ্ছে। কিন্তু সময়ও একসময় শেষ হয়ে যায়।

অধ্যায় ২: জানালার কাঁচে ভেসে ওঠা অতীত

রাতটা চুপচাপ। করিডোরে নরম আলো , ঘড়ির টিকটিক। আরহান বিছানায় বসে আছে, টাই খুলে চেয়ারে রেখেছে , চোখে ঘুম নেই। নিচে বাসনের শব্দ থেমে গেলে সে বুঝল—মাহিরা খাওয়া শেষ করেছে। কিছুক্ষণ পর দরজায় হালকা নক। "ভিতরে আসো," আরহান বলল। দরজা খুলে মাহিরা ঢুকল , হাতে ট্রে। ট্রেতে পানি আর একটা ছোট বাটি — সুপ। সে টেবিলে রেখে বলল , "খেয়ে নিন।" কণ্ঠে ভদ্রতা আছে , উষ্ণতা নেই। আরহান তাকাল, "আমি বলেছিলাম, খেয়েছি।" মাহিরা থামল না, "তবু রাখলাম। ঠান্ডা হয়ে যাবে। " কথাটা নির্দেশের মতো শোনাল, অনুরোধের মতো না।

দু'জনেই কিছুক্ষণ চুপ। মাহিরা ঘরের চারদিকে তাকাল , যেন কিছু খুঁজছে। তারপর জানালার দিকে গিয়ে পর্দা একটু সরাল। বাইরে আলো স্থির। সে ফিরে বলল , "আজ অনেক দেরি।" আরহান সংক্ষিপ্ত, "কাজ ছিল।" মাহিরা মাথা নাড়ল, "হুম।" এই "হুম"-এর ভেতরে প্রশ্ন নেই, আগ্রহ নেই, শুধু কথার ফাঁক ভরাট করা। আরহান লক্ষ্য করল —মেয়েটা চোখে চোখ রাখে না বেশি সময় ; তাকায়, তারপর সরিয়ে নেয়। সে জিজ্ঞেস করল , "আর কিছু?" মাহিরা বলল , "না। শুধু —ওষুধ খেয়েছেন ?" আরহান ভ্রু কুঁচকাল , "কোন ওষুধ ?" "ডাক্তারের দেওয়া —স্ট্রেসের জন্য ," মাহিরা বলল। তথ্যটা তার জানা থাকার কথা না। আরহান খেয়াল করল , "তুমি জানলে কীভাবে ?" মাহিরা এক সেকেন্ড থামল , তারপর বলল, "ফাইল টেবিলে ছিল।" উত্তরটা ঠিক, কিন্তু পুরোটা না—এটা বোঝা যায়।

আরহান চুপ করে রইল। সে প্রশ্ন করলে কথাটা বড় হবে , সে বড় করতে চায় না। মাহিরা ট্রের পাশে গ্লাসটা একটু সরিয়ে দিল —অযথা। মানুষ যখন ভেতরে অস্বস্তিতে থাকে , তখন ছোট ছোট জিনিস ঠিক করতে থাকে। সে বলল , "আপনি রেস্ট নিন। কাল সকালে আপনাকে বের হতে হবে। " আরহান বলল , "তুমি জানো ?" মাহিরা বলল , "ক্যালেন্ডারে লেখা ছিল।" আবারও তথ্য আছে, ব্যাখ্যা কম। আরহান মাথা নাড়ল।

মাহিরা বের হতে ঘুরল, আবার থামল, “লাইটটা অফ করে দেব?” “না।” “ঠিক আছে।” সে দরজা খুলে বেরিয়ে গেল। দরজা বন্ধ হওয়ার শব্দটা নরম , কিন্তু স্পষ্ট। ঘর আবার ফাঁকা। আরহান টেবিলের কাছে গিয়ে ট্রের দিকে তাকাল। সুপের ভাপ উঠছে। সে চামচ দিয়ে এক চুমুক খেল। স্বাদ নিরপেক্ষ—না ভালো, না খারাপ। ঠিক মাহিরার কথার মতো।

সে জানালার কাঁচে নিজের প্রতিচ্ছবি দেখল। আলো-অন্ধকারে মুখ বদলায়। তার মনে হলো—এই ঘরে দু’জন মানুষ আছে, তবু একা। এই একাকীত্ব নতুন না; নতুন হলো—এখন সেটা ভাগ করার কথা , কিন্তু ভাগ হচ্ছে না। সে খুব আস্তে বলল , “এটা কি শুরু?” ভেতর থেকে উত্তর এল না। বরং আরেকটা ভাবনা উঠল —“কিছু শুরু হওয়ার আগেই কি শেষ হয়ে যায়?”

বিছানায় ফিরে শুতে গিয়েও সে থামল। মাথার ভেতরে হালকা শব্দ —কোনো স্মৃতি নড়ছে। সে চোখ বন্ধ করল। দরজার ফাঁক , কম আলো, চাপা কণ্ঠ—ছবিটা পুরো স্পষ্ট না , কিন্তু অস্বস্তিটা স্পষ্ট। সে চোখ খুলে বসল। শ্বাস একটু দ্রুত। সে নিজেকে থামাতে চাইল , “আজ না।” কিন্তু স্মৃতি সময় দেখে আসে না। ঘড়ির টিকটিক আরও জোরে শোনা যায়। সে মাথা নিচু করে বসে রইল। বাইরে সব শান্ত , ভেতরে না। ঠিক তখনই সেই পুরোনো রাতটা ধীরে ধীরে সামনে আসতে শুরু করল —যেটা সে অনেক বছর ধরে নাম না নিয়ে বেঁচে আছে।

ঘড়ির কাঁটা এগোচ্ছে, কিন্তু সময় যেন আটকে আছে। আরহান বিছানায় বসে, পিঠ দেয়ালে ঠেকানো। জানালার কাঁচে তার মুখ—আলো পড়ে, সরে যায়। সে চোখ বন্ধ করল। অন্ধকারটা এইবার স্থির না, ভেতর থেকে ছবি উঠে আসছে। একটা করিডোর, আলো কম, দেয়ালে ছায়া লম্বা। ছোট্ট পায়ের শব্দ—দৌড় না, ধীরে হাঁটা। যেন কেউ কাউকে খুঁজছে না, তবু কোথাও যেতে বাধ্য।

দরজাটা আধখোলা। ভেতর থেকে চাপা গলার শব্দ। কথাগুলো স্পষ্ট না , কিন্তু তাড়াহুড়ো আছে। একটা পুরুষ কণ্ঠ, একটা নারী কণ্ঠ। শব্দের ভেতরে কেমন একটা রাগ, সাথে ভয়।

ছোট্ট আরহান দরজার কাছে এসে থামে। হাত বাড়িয়ে দরজাটা একটু ঠেলে দেয়। কড়িকাঠ হালকা কেঁপে ওঠে। শব্দ থেমে যায় এক সেকেন্ডের জন্য, তারপর আবার শুরু।

ঘরের ভেতরে আলো হলুদ। টেবিলের ওপর কাগজ ছড়ানো। মেঝেতে কিছু পড়ে আছে—শাড়ির আঁচল? না, ছায়া। ছোট্ট আরহান ঠিক বোঝে না। সে দরজার ফাঁক দিয়ে তাকিয়ে থাকে। তার শ্বাস খুব ধীর। যেন শ্বাস নিলেই কেউ বুঝে যাবে।

হঠাৎ একটা ধাক্কার শব্দ। কিছু পড়ে যায়। তারপর এক নারীকণ্ঠ—চাপা চিৎকার। শব্দটা পুরো বের হতে পারে না, কেউ যেন থামিয়ে দেয়। ছোট্ট আরহানের বুক ধড়ফড় করে। সে পিছিয়ে আসতে চায়, পারে না। পা যেন মেঝেতে আটকে গেছে।

পুরুষ কণ্ঠটা এবার স্পষ্ট—কঠিন, ঠান্ডা। কথাগুলো ঠিক শোনা যায় না, কিন্তু সুরটা বোঝা যায়। আদেশের মতো। তারপর আবার সেই চাপা শব্দ। ঘরের ভেতরে ছায়া নড়ে। একটা হাত এগিয়ে যায়, আরেকটা হাত থামে। সময় এখানে টেনে ধরা।

ছোট্ট আরহান চোখ বড় করে তাকিয়ে থাকে। তার মাথা কিছু বুঝতে চায়, কিন্তু পারে না। শুধু ভয়টা বুঝে। ভয় কখনো ব্যাখ্যা চায় না। সে এক পা পিছোয়। দরজাটা একটু নড়ে। কড়ির শব্দ। ভেতরের দুটো ছায়া একসাথে থামে। এক সেকেন্ড। খুব লম্বা এক সেকেন্ড।

ছোট্ট আরহান দৌড়াতে চায়। শরীর সাড়া দেয় না। তারপর হঠাৎ তার ভেতরে কিছু ভেঙে যায়। সে ঘুরে দাঁড়ায়। করিডোরে দৌড়ায় না, হাঁটে—খুব ধীরে। যেন দৌড়ালে শব্দ হবে। সে

নিজের ঘরের দিকে যায়। দরজা বন্ধ করে না, শুধু ঠেলে দেয়। বিছানায় বসে পড়ে। হাত দুটো কাঁপছে। সে মুখ চেপে ধরে—শব্দ বের না হওয়ার জন্য।

ঘরের বাইরে আবার শব্দ শুরু হয়। এবার একটু দূরে। সে কান বন্ধ করে। তবু শব্দ ঢুকে যায়। কিছু শব্দ বন্ধ করা যায় না।

বর্তমানে ফিরে আসে আরহান। তার শ্বাস ভারী। সে চোখ খুলে বসে পড়ে। ঘর একই— নিখুঁত, শান্ত। কিন্তু তার ভেতরে সেই করিডোর রয়ে গেছে। সে হাত দিয়ে মুখ মুছে। কপালে ঘাম। সে ফিসফিস করে, "দেখিনি… কিছু দেখিনি…" এই মিথ্যাটা সে অনেক বছর ধরে বলে আসছে। মিথ্যাটা তাকে বাঁচিয়ে রেখেছে, আবার আটকে রেখেছে।

সে উঠে জানালার কাছে যায়। কাঁচে নিজের চোখের দিকে তাকায়। চোখে এখন ক্লান্তি না, সতর্কতা। সে ধীরে বলে, "যা দেখেছি, সেটা কি সত্যি?" উত্তর আসে না। উত্তর কখনো সহজে আসে না।

দরজার বাইরে করিডোরে কারও পায়ের শব্দ হলো—হালকা। হয়তো মাহিরা। শব্দটা কাছে এসে থামে না, পাশ কাটিয়ে চলে যায়। আরহান খেয়াল করে—এই বাড়িতে সবাই নিজের মতো হাঁটে, কেউ কারও দিকে যায় না।

সে আবার বিছানায় বসে। ঘড়ির টিকটিক আগের মতোই। কিন্তু এখন প্রতিটা টিক যেন একটা স্মৃতি। সে চোখ বন্ধ করে না আর। সে জানে—চোখ বন্ধ করলেই দরজাটা আবার খুলবে। তাই সে জেগে থাকে। জেগে থাকাটাই তার নিরাপত্তা।

রাতটা শেষ হতে দেরি আছে। আরহান শুধু অপেক্ষা করে—ভোরের জন্য, আলোয়ের জন্য। কিন্তু সে জানে, কিছু অন্ধকার আলোতেও থাকে। আজ সে শুধু একটা জিনিস বুঝল—অতীত পুরোপুরি যায় না। শুধু সময় নিয়ে ফিরে আসে। আর ফিরে এলে, চুপ করে বসে থাকা যায় না।

রাত গড়িয়েছে। ঘরের আলো নিভানো, শুধু টেবিল ল্যাম্প জ্বলছে। আরহান বসে আছে, পিঠ সোজা, চোখ জেগে। সে ঘুমাতে চায় না। চোখ বন্ধ করলেই করিডোরটা ফিরে আসে। তাই সে জেগে থাকে। জেগে থাকাটাই তার নিয়ন্ত্রণ। ঘড়ির টিকটিক নিয়মিত, কিন্তু তার ভেতরের সময় অস্থির।

দরজায় আবার নক। এইবার একটু জোরে। টক··· টক··· টক···

আরহান তাকাল। "হ্যাঁ?"

দরজা খুলে মাহিরা ঢুকল। হাতে ফোন, মুখে কোনো ভাব নেই। "তুমি ঘুমাওনি?"

"না।"

"লাইটটা অফ করো। ঘুমানো দরকার।"

"ঘুম আসছে না।"

মাহিরা কয়েক সেকেন্ড তাকিয়ে রইল। "ওষুধটা নাও।"

"খেয়েছি।"

"কখন?"

"এইমাত্র।"

মাহিরা কিছু বলল না। সে এগিয়ে এসে টেবিলের ড্রয়ার খুলল। ভেতরে স্ট্রিপ। সে গুনে দেখল। একটা কম। সে আবার ড্রয়ার বন্ধ করল। "হুম," বলল, যেন নিজের সাথে কথা বলছে।

আরহান খেয়াল করল—এই 'চেক করা'টা স্বাভাবিক না। কেউ এমনভাবে ওষুধ গুনে না, যদি না নিশ্চিত হতে চায়। সে জিজ্ঞেস করল, "কিছু বলবে?"

মাহিরা সরাসরি উত্তর দিল না। "কাল তোমার সকালটা ফ্রি রাখো।"

"কেন?"

"একটা জায়গায় যেতে হবে।"

"কোথায়?"

মাহিরা এক সেকেন্ড থামল। "বাড়ির ব্যাপার।"

"বাড়ির কোন ব্যাপার?"

"কাল বলব।"

উত্তর অসম্পূর্ণ। ইচ্ছাকৃত। আরহান বুঝল—তথ্য দেওয়া হচ্ছে, পুরোটা না। সে আর চাপ দিল না। চাপ দিলে মানুষ বন্ধ হয়ে যায়, আর সে বন্ধ দরজা পছন্দ করে না; সে খোলা ফাঁক দিয়ে দেখতে চায়।

মাহিরা টেবিলের ওপর রাখা গ্লাসটা সরিয়ে সোজা করল—অপ্রয়োজনীয় কাজ। তার আঙুলে অস্থিরতা। ফোনটা আবার কাঁপল। সে দ্রুত স্ক্রিন দেখল, ভ্রু এক মুহূর্তের জন্য টানল, তারপর মুখ আবার নিরপেক্ষ। "আমি যাচ্ছি," সে বলল।

"হুম।"

দরজার কাছে গিয়ে সে থামল। পিছনে না তাকিয়ে বলল, "লাইট অফ করে ঘুমাও।"

"দেখব।"

মাহিরা বের হয়ে গেল।

দরজা বন্ধ। আরহান ধীরে উঠে দাঁড়াল। টেবিলের ড্রয়ার খুলে স্ট্রিপটা বের করল। সে গুনল—একটা কম, যেমনটা মাহিরা দেখেছিল। কিন্তু সে তো এখনো খায়নি। তার ঠোঁটে হালকা একটা রেখা এল—হাসি না, হিসাব। সে স্ট্রিপটা আগের মতো রেখে দিল। এই ছোট অমিলগুলোই বড় দরজা খুলে দেয়।

সে জানালার কাছে গেল। কাঁচে নিজের চোখ। আজ চোখে ক্লান্তির সাথে সতর্কতা। সে খুব আস্তে বলল, "তুমি কী লুকাচ্ছ?" প্রশ্নটা মাহিরাকে, আবার নিজেকেও। উত্তর নেই। কিন্তু প্রশ্নটা ঠিক।

করিডোরে পায়ের শব্দ। খুব ধীর। কারও সাথে কথা বলার মতো চাপা স্বর। সে দরজার কাছে গিয়ে থামল। খুলল না। শোনার চেষ্টা করল। শব্দ পরিষ্কার না, কিন্তু ভঙ্গি গোপন। কয়েক সেকেন্ড পর সব থেমে গেল। নীরবতা আবার ফিরে এল।

আরহান ফিরে এসে ল্যাম্পের আলো কমাল। বিছানায় বসল। চোখ বন্ধ করল না। তার মাথায় এখন দুইটা জিনিস পাশাপাশি—পুরোনো সেই দরজার ফাঁক, আর এই বাড়ির নতুন ফাঁক।

অতীত আর বর্তমান একই প্যাটার্নে নড়ছে। সে জানে—প্যাটার্ন ভাঙতে হলে দেখতে হবে, বুঝতে হবে, তারপর আঘাত করতে হবে। তাড়াহুড়া করলে ভুল হবে।

সে ধীরে শুয়ে পড়ল। ছাদের দিকে তাকিয়ে রইল। ঘড়ির টিকটিক চলছে। তার ভেতরে আরেকটা টিকটিক—হিসাবের। সে ঠিক করল—কাল থেকে সে দেখবে, শুধু দেখবে। প্রশ্ন কম, পর্যবেক্ষণ বেশি। কারণ সত্যি কখনো চিৎকার করে আসে না; ফাঁকের ভেতর দিয়ে ঢুকে পড়ে।

লাইট নিভল না। রাতও পুরো নিভল না। শুধু অপেক্ষা বাড়ল।

অধ্যায় ৩: ফাঁকের ভেতর লুকানো শব্দ

সকালটা খুব সাধারণভাবে শুরু হয়। রান্নাঘর থেকে চায়ের গন্ধ আসে, ডাইনিং টেবিলে নাস্তা সাজানো, ঘড়ির কাঁটা ঠিক সময়ে এগোয়। বাইরে থেকে দেখলে সব ঠিক। ভেতরে না। আরহান সিঁড়ি বেয়ে নামতে নামতে নিজের পায়ের শব্দ গুনে নেয়—ধীরে, সমান। নিচে মাহিরা বসে আছে, সামনে কাপ, চোখ ফোনে। সে মাথা তুলে তাকায়, "গুড মর্নিং।" কণ্ঠে ভদ্রতা আছে, আগ্রহ নেই। আরহান বসে, "মর্নিং।" টেবিলে টোস্ট, ডিম, ফল। সে খাওয়া শুরু করে। মাহিরা কাপ নামিয়ে বলে, "ড্রাইভারকে বলেছি, গাড়ি আটটার আগে বের হবে।" আরহান থামে, "তুমি জানলে?" মাহিরা চামচ নেড়ে বলে, "ক্যালেন্ডারে ছিল।" উত্তর ছোট, যথেষ্ট না।

ফোনটা হালকা কাঁপে। মাহিরা খুব স্বাভাবিক ভঙ্গিতে স্ক্রিন দেখে নেয়, আবার উল্টো করে রাখে। চোখে এক সেকেন্ডের জন্য তাড়া আসে, তারপর মুছে যায়। সে বলে, "আজ সন্ধ্যায় দেরি করবে?" আরহান, "হতে পারে।" মাহিরা মাথা নাড়ে, "আমি বাইরে যাবো।" "কোথায়?" "বন্ধুর কাছে।" "নাম?" "তুমি চেনো না।" কথাটা রেখা টানে। আরহান আর এগোয় না। সে খাওয়া শেষ করে ন্যাপকিন ভাঁজ করে রাখে। মাহিরা বলে, "আজ সকালে তোমার কোথাও যেতে হবে।" আরহান তাকায়, "কোথায়?" "বলেছিলাম—বাড়ির একটা কাজ।" "কী কাজ?" মাহিরা এক সেকেন্ড থামে, "দেখলেই বুঝবে।" অসম্পূর্ণ উত্তর। ইচ্ছাকৃত।

আরহান উঠে দাঁড়ায়। "দশটায় আমার মিটিং আছে।" মাহিরা বলে, "নয়টার আগে বের হলে হয়ে যাবে।" সে সময় ঠিক করে দেয়। আরহান মাথা নাড়ে। স্টাডি রুমে গিয়ে ড্রয়ার খুলে

ওষুধের স্ট্রিপ দেখে। গত রাতে যেটা কম ছিল, এখন ঠিক আছে—সংখ্যা বদলেছে। কেউ ছুঁয়েছে। সে স্ট্রিপটা আগের মতো রেখে দেয়। এই অমিলগুলো সে জমায়, খরচ করে না।

বের হওয়ার আগে সে বারান্দায় তাকায়। মাহিরা ফোনে কথা বলছে, খুব নিচু স্বরে। শব্দ শোনা যায় না, কিন্তু ভঙ্গিতে গোপনীয়তা আছে। সে কথা শেষ করে দ্রুত ভেতরে ঢুকে যায়। আরহান গাড়িতে বসে। "অফিস," সে বলে। গাড়ি চলতে শুরু করে। শহর জেগে উঠেছে। সিগনালে থামলে পাশে একটা বাইক আসে, দু'জন হাসছে। হাসির শব্দ কাঁচ ভেদ করে না। আরহান নিজের প্রতিচ্ছবি দেখে। চোখে হিসাব। সে মনে মনে বলে, "দেখব।"

অফিসে ঢুকেই সে কাজে ডুবে যায়। ফাইল, প্রেজেন্টেশন, ক্লায়েন্ট—সব ঠিক। বাইরে থেকে নিখুঁত। ভেতরে নয়। সে ইমেইল খুলে দেখে, আবার বন্ধ করে। মন সরে যায়। সহকারী ঢুকে বলে, "স্যার, ক্লায়েন্ট ওয়েট করছে।" "আসছি," আরহান বলে। মিটিং রুমে গিয়ে সে কথা বলে পরিমিতভাবে। প্রশ্নের উত্তর দেয়, সিদ্ধান্ত নেয়। মাঝখানে একবার থামে—ক্লায়েন্টের একটা সাধারণ প্রশ্নে। কয়েক সেকেন্ড নীরবতা। সবাই তাকিয়ে। তারপর সে উত্তর দেয়। ঠিক উত্তর। কিন্তু থামাটাই ইঙ্গিত—মাথার ভেতরে অন্য কিছু চলছে।

মিটিং শেষে সে কেবিনে ফিরে দরজা বন্ধ করে। ফোনটা টেবিলে রাখে। স্ক্রিন জ্বলে—একটা অজানা নম্বর থেকে মেসেজ: "সব ঠিক আছে। সময় মতো হবে।" নাম নেই। সে মেসেজটা পড়ে রাখে। রিপ্লাই দেয় না। নম্বরটা সেভও করে না। শুধু মনে রাখে। একই সময়ে মাহিরার থেকে একটা মেসেজ আসে: "দুপুরে খেয়ো।" ছোট, নিরপেক্ষ। দুইটা বার্তা—একটা খোঁজের, একটা ইঙ্গিতের। কোনটা সত্যি? সে এখনই সিদ্ধান্ত নেয় না।

সে ল্যাপটপ খুলে সিসিটিভি অ্যাক্সেস করে—বাড়ির ক্যামেরা। গত রাতের ফুটেজ স্ক্রল করে। করিডোরে একটা সময় আলো বদলায়। তারপর মাহিরা দেখা যায়, ফোন কানে, ধীরে হাঁটছে। সে দরজার সামনে থামে না, পাশ কাটিয়ে যায়। কিন্তু একটা ফ্রেমে সে থেমে তাকায়—সোজা ক্যামেরার দিকে না, দরজার দিকে। তারপর দ্রুত এগিয়ে যায়। সময়—রাত ১টা ১৭। আরহান টাইমস্ট্যাম্পটা মনে রাখে।

সে ভিডিও বন্ধ করে। চেয়ারে হেলান দেয়। ভেতরে একটা রেখা স্পষ্ট হচ্ছে—অল্প অল্প করে। সে নিজের সাথে বলে, "প্যাটার্ন।" একই শব্দ মাথায় ঘোরে। অতীতের দরজা, বর্তমানের দরজা—দুটোতেই ফাঁক আছে। সে জানে, ফাঁক দিয়ে সত্যি ঢোকে।

দুপুর পেরিয়ে বিকেল। কাজ শেষ করে সে তাড়াহুড়া করে না। সময় নেয়। সহকারীকে বলে, "আজ সন্ধ্যার পর আমার কলগুলো বন্ধ রাখো।" "জি স্যার।" সে আরেকটা কাজ করে—একজন পুরোনো লোককে ফোন করে। "আজ রাতে বাড়ির আশেপাশে নজর রাখবে। কারা আসে-যায় দেখবে। কাউকে জানাবে না।" ওপাশ থেকে শুধু "ঠিক আছে" আসে। আরহান কল কেটে দেয়।

গাড়িতে ওঠার আগে সে ফোনে লোকেশন শেয়ারিং চেক করে। মাহিরার লোকেশন অফ। সে হাসে না, অবাকও হয় না। শুধু নোট নেয়। গাড়ি ছাড়ে। সে ড্রাইভারকে বলে, "সোজা বাড়ি না, আগে একটু ঘুরে।" ড্রাইভার মাথা নাড়ে। শহরের ভিড় পেরিয়ে তারা অন্য রাস্তায় ঢোকে। আরহান কাঁচে নিজের চোখ দেখে—স্থির, ঠান্ডা।

বাড়ির গেটে ঢোকার সময় সে লক্ষ্য করে—গার্ড বদলেছে। নতুন মুখ। সে কিছু বলে না, শুধু দেখে। ভেতরে ঢুকে ড্রইংরুম ফাঁকা পায়। ঘড়ি সাতটা দশ। মাহিরা নেই। টেবিলে

একটা নোট: “আমি বের হয়েছি। দেরি হবে।” কোনো নাম নেই, কোনো ব্যাখ্যা নেই। আরহান নোটটা তুলে দেখে, আবার রেখে দেয়। সে সিঁড়ি বেয়ে উপরে ওঠে, নিজের রুমে ঢুকে লাইট জ্বালায় না। অন্ধকারে দাঁড়িয়ে থাকে। তার ভেতরে এখন পরিষ্কার একটা সিদ্ধান্ত—আজ সে দেখবে। শুধু দেখবে না, ধরবে।

সে ঘড়ির দিকে তাকায়। সময় ধীরে যায়। বাইরে গাড়ির শব্দ আসে, যায়। করিডোরে হালকা বাতাস। সে দরজার কাছে গিয়ে দাঁড়ায়, কান খোলা। রাত এগোয়। প্যাটার্ন সম্পূর্ণ হওয়ার আগে সবকিছু সাধারণই লাগে। তারপর হঠাৎ করে একটা ছোট ঘটনা সবকিছু বদলে দেয়। আরহান অপেক্ষা করে—সেই ছোট ঘটনার জন্য।

▯ অধ্যায় ৪: ছায়ার আড়ালে সত্য

পার্ট ১: অপেক্ষার রাত

রাত যত গভীর হয়, নীরবতা তত ভারী হয়। এই বাড়িতে রাতের একটা আলাদা স্বভাব আছে—দিনে যত আলো, রাতে তত ছায়া। আরহান নিজের রুমের ভেতরে দাঁড়িয়ে, লাইট না জ্বালিয়ে, শুধু দরজার পাশে ঠেস দিয়ে। সে বসে নেই, শুয়েও না—কারণ সে জানে, আজ তার ঘুমানোর দিন না। আজ সে দেখবে।

ঘড়িতে আটটা পেরিয়েছে। নিচে মাঝে মাঝে বাসনের শব্দ, আবার থামে। বাড়িটা বাইরে থেকে যত বড়, ভেতরে তত ফাঁকা। এই ফাঁকা জায়গাগুলোতেই শব্দ লুকায়, আবার বের হয়। আরহান কান খোলা রাখে। তার মাথার ভেতরে গত রাতের সেই টাইমস্ট্যাম্প ঘুরছে—

১টা ১৭। সে হিসাব করছে, আজও কি একই সময় হবে? না কি সময় বদলাবে? যারা লুকিয়ে চলে, তারা কি রুটিন মেনে চলে, নাকি সুযোগ দেখে?

সে ধীরে দরজা খুলে করিডোরে বের হলো। আলো কম, দেয়ালে লম্বা ছায়া। সে হাঁটে খুব ধীরে—শব্দ যেন না হয়। তার পায়ের মাপা চলা দেখে বোঝা যায়, সে অভ্যস্ত। করিডোর পেরিয়ে সে সিঁড়ির মাথায় এসে দাঁড়াল। নিচে ড্রইংরুম ফাঁকা। টেবিলের ওপর নোটটা এখনো আছে। "আমি বের হয়েছি। দেরি হবে।" অদ্ভুতভাবে এই ছোট বাক্যটা অনেক কিছু লুকিয়ে রাখে।

আরহান নিচে নামল না। সে ফিরে গেল নিজের রুমে। অপেক্ষা করা তার জন্য নতুন না। অপেক্ষা মানে সময় নষ্ট না—তথ্য জমা করা। সে চেয়ার টেনে জানালার কাছে বসল। বাইরে গেট দেখা যায়। গেটের পাশের আলো স্থির। মাঝে মাঝে গাড়ি ঢোকে, বের হয়। সে প্রতিটা গাড়ির শব্দ আলাদা করে চিনতে চেষ্টা করে।

সাড়ে নয়টার দিকে একটা গাড়ি ঢুকল। কালো, নম্বর প্লেট পরিচিত না। গেট খুলে আবার বন্ধ। কয়েক সেকেন্ড পর দরজা খুলে কেউ নামল। দূর থেকে স্পষ্ট না, কিন্তু হাঁটার ভঙ্গি চেনা—মাহিরা। তার পাশে আরেকজন। ছায়া লম্বা, মুখ বোঝা যায় না। দু'জন একসাথে ভেতরে ঢুকল। আরহান চেয়ারে বসেই রইল। তার চোখ স্থির। সে উঠে দাঁড়াল না, দৌড়ে গেল না। সে শুধু দেখল।

কিছুক্ষণ পর করিডোরে পায়ের শব্দ। দু'জনের। খুব নিচু স্বর, যেন কথা চাপা রাখা হচ্ছে। শব্দগুলো আলাদা করা যায় না, কিন্তু ভঙ্গি বোঝা যায়—এই কথা খোলাখুলি বলা যায় না।

আরহান দরজার কাছে গিয়ে থামল। খুলল না। শুধু দাঁড়িয়ে শুনল। শব্দ কয়েক সেকেন্ড কাছে এল, তারপর দূরে গেল। দরজা খোলার শব্দ—অন্য কোনো ঘর। তারপর নীরবতা।

তার বুকের ভেতর চাপ পড়ল, কিন্তু মুখে কিছু নেই। সে ধীরে বিছানায় বসল। তার মাথায় এখন দুইটা ছবি—গত রাতের করিডোর, আজকের করিডোর। একই রকম ফাঁক, একই রকম গোপনতা। সে খুব আস্তে বলল, "প্যাটার্ন।"

তার ফোনে একটা মেসেজ এল। অজানা নম্বর। "আজ না। কাল।" আরহান মেসেজটা পড়ল। চোখের ভেতর সামান্য পরিবর্তন। সে রিপ্লাই দিল না। শুধু নম্বরটা সেভ করল না , ডিলিটও করল না। কিছু জিনিস রাখা দরকার, আবার দেখানোরও দরকার নেই।

রাত এগোতে লাগল। দশটা, এগারোটা। বাড়ি আবার চুপ। মাহিরা তার রুমে গেছে—দরজা বন্ধ। আরহান লাইট জ্বালায় না। সে জানে, অন্ধকারে চোখ অভ্যস্ত হলে বেশি দেখা যায়। সে অপেক্ষা করে—ঠিক সেই সময়টার জন্য।

ঘড়িতে ১টা ১২। পাঁচ মিনিট বাকি। তার শ্বাস স্বাভাবিক , কিন্তু মন তীক্ষ্ণ। ১টা ১৫। করিডোরে খুব হালকা একটা শব্দ। দরজা খোলার মতো না, পায়ের মতো। ১টা ১৭। দরজা খুলল। খুব আস্তে। আরহান দাঁড়িয়ে গেল। সে দরজার ফাঁক দিয়ে তাকাল না—সে জানে, কখন তাকাতে হয়।

পায়ের শব্দ কাছে এলো। মাহিরা। সে একা না। আরেকজন আছে। এইবার শব্দ একটু স্পষ্ট—ফিসফিস। একটা শব্দ কানে এল—"আজ না..." আরেকটা—"ও বুঝবে না..." বাকিটা ভেঙে যায়।

আরহানের চোখে এবার একটা জিনিস স্পষ্ট—সন্দেহ না, নিশ্চিত হওয়ার শুরু।

সে দরজা থেকে সরে এল। কারণ সে জানে—সবকিছু একদিনে দেখা যায় না। ধরা যায় না। তাড়াহুড়া করলে সত্যি পালায়।

সে ধীরে চেয়ারে ফিরে বসল। জানালার দিকে তাকাল। বাইরে অন্ধকার, ভেতরেও। কিন্তু পার্থক্য একটাই—ভেতরের অন্ধকার এখন নাম পেতে শুরু করেছে।

সে খুব আস্তে বলল, "কাল।"

এই একটা শব্দের ভেতরে সিদ্ধান্ত আছে।

আজ সে দেখেছে। কাল সে বুঝবে। তারপর—কী করবে, সেটা তখন ঠিক হবে।

রাত আবার চুপ হয়ে গেল। কিন্তু এই চুপ আর আগের মতো না। এই চুপের ভেতরে এখন সত্যি নড়ছে।

রাত তখন সাড়ে এগারো ছুঁইছুঁই। বাড়িটা বাইরে থেকে শান্ত, কিন্তু এই শান্তির ভেতরে একটা অদৃশ্য টান আছে—যেটা শুধু যারা খুঁজে, তারাই টের পায়। আরহান দরজার পাশে দাঁড়িয়ে, লাইট নিভানো। সে জানে, আলো জ্বালালে নিজেকেই ফাঁস করে দেবে। অন্ধকার তার জন্য আড়াল, আর আজ তাকে আড়ালেই থাকতে হবে। করিডোরে হালকা বাতাস বয়ে যায়, পর্দা একটু নড়ে। এই নড়াচড়ার মধ্যেই সে শব্দ আলাদা করে—পায়ের ধীর চাপ।

মাহিরা। হাঁটার ভঙ্গি সে এখন চিনে গেছে। এই হাঁটায় একটা কৃত্রিম স্বাভাবিকতা আছে—যেন নিজেকেই বোঝাচ্ছে, সব ঠিক। সে দরজা সামান্য ফাঁক করে তাকায়। মাহিরা করিডোরের মাঝখানে এসে থামে, একবার চারপাশ দেখে। এই 'দেখা'টা খুব দ্রুত, কিন্তু তাড়াহুড়ো নয়—অভ্যাস করা। তারপর সে ডান দিকের কর্নার ঘরের দিকে এগোয়। দরজাটা পুরো বন্ধ না, ভেতরে হালকা আলো। মাহিরা ভেতরে ঢুকে পড়ে।

দরজা খোলা থাকে। ফাঁকটা ছোট, কিন্তু যথেষ্ট।

আরহান দরজা বন্ধ করে বাইরে বের হয়। তার হাঁটা মাপা, পায়ের শব্দ নেই বললেই চলে। সে সরাসরি দরজার সামনে যায় না—দুই ধাপ আগে থামে। পাশ ঘেঁষে দাঁড়িয়ে শোনে। ভেতর থেকে ফিসফিস শব্দ ভেসে আসে। দু'জনের কণ্ঠ। পুরুষ কণ্ঠটা এবার স্পষ্টতর—ঠান্ডা, হিসেবি। মাহিরার কণ্ঠ নিচু, কিন্তু দ্রুত।

"সময় নষ্ট হচ্ছে," পুরুষটা বলল।

"সব একসাথে না করলে হবে না," মাহিরা জবাব দিল।

“সে বুঝতে পারলে?”

“এখনও না। তবে বেশিদিন না।”

“তাহলে কাগজগুলো এগাও।”

“সই না হলে কিছুই হবে না।”

এই ‘সই’ শব্দটা আরহানের কানে আটকে যায়। সে দেয়ালে হেলান দিয়ে দাঁড়িয়ে থাকে। তার ভেতরে কোনো ঝড় নেই—শুধু হিসাব। কথার ভেতর থেকে সে শব্দ আলাদা করে নেয়—সময়, সই, কাগজ। এগুলো আবেগের শব্দ না, পরিকল্পনার।

ভেতরে চেয়ার সরানোর শব্দ হয়। কাগজ নড়ার মতো খসখস। মাহিরা বলে, “এগুলো ঠিক রাখো, কাল আবার দেখতে হবে।” পুরুষটা হালকা হেসে বলে, “তুমি ঠিক সময়েই এসেছো।” এই হাসিতে কোনো উষ্ণতা নেই, শুধু নিশ্চিততা। আরহান বুঝতে পারে—এই সম্পর্কটা নতুন না, অভ্যস্ত।

কয়েক সেকেন্ড নীরবতা। তারপর পায়ের শব্দ। আরহান দ্রুত সরে পাশের অন্ধকারে দাঁড়ায়। দরজা একটু বেশি খোলে। পুরুষটা আগে বের হয়। মুখ পুরো দেখা যায় না, কিন্তু হাঁটার ভঙ্গি আত্মবিশ্বাসী। সে সোজা সিঁড়ির দিকে যায়, নিচে নামে। মাহিরা কিছুক্ষণ পর বের হয়। সে দরজাটা বন্ধ করে না, যেমন ছিল তেমনই রাখে। এই অসতর্কতাই অভ্যাসের প্রমাণ—যারা নিয়মিত করে, তারা লুকোতে গিয়ে বেশি গুছায় না।

মাহিরা নিজের রুমের দিকে হাঁটে। দরজা বন্ধ হওয়ার শব্দ হয় না—শুধু থেমে যায়।

আরহান কয়েক সেকেন্ড অপেক্ষা করে। তারপর ধীরে এগিয়ে কর্নার ঘরের সামনে আসে। দরজাটা ঠেলে ভেতরে তাকায়। টেবিলের ওপর কয়েকটা ফাইল ছড়ানো। একটা কাগজে সাইন লাইনের জায়গা ফাঁকা। ল্যাম্পের আলো নরম, কিন্তু যথেষ্ট। সে ভেতরে ঢোকে না। শুধু দেখে। এই 'দেখা'টাই এখন তার সবচেয়ে বড় অস্ত্র।

সে আবার পিছিয়ে আসে। নিজের রুমে ফিরে দরজা বন্ধ করে। লাইট জ্বালায় না। অন্ধকারেই চেয়ারে বসে পড়ে। তার মাথায় এখন ছবিটা পরিষ্কার—এটা কেবল সম্পর্ক না, একটা পরিকল্পিত খেলা। আর সে সেই খেলায় এখনো ঢোকেনি, কিন্তু বাইরে থেকেও নেই।

সে খুব আস্তে বলে, "এবার ভুল করবে না।"

কণ্ঠে রাগ নেই, তাড়াও নেই। শুধু সিদ্ধান্ত।

বাইরে করিডোর আবার চুপ। কিন্তু এই চুপের ভেতরে এখন শব্দ জমা আছে—যেগুলো সময় হলেই বের হবে। আরহান জানে, আজ সে শুধু দেখেছে। কাল থেকে সে চাল দেবে।

রাত দুইটা পেরিয়ে গেছে। বাড়িটা আবার আগের মতো নিস্তব্ধ, কিন্তু এই নিস্তব্ধতা আর আগের মতো নয়। আরহান টেবিলে বসে ল্যাপটপ খুলে। কাজের ফাইল নয়—নিজের হিসাব। সে প্রথমে সময় লিখে: ১১:৩৫—কর্নার রুমে প্রবেশ, ১১:৪৮—আলো জ্বলে, ১১:৫৮—পুরুষ বের হয়, ১২:০২—মাহিরা বের হয়। তারপর শব্দ: "সময়", "সই",

"কাগজ", "সব একসাথে।" সে এগুলো আলাদা আলাদা রাখে না—মনে জোড়া লাগায়। এই জোড়াটাই সত্যির প্রথম আকার।

সে বাড়ির ফ্লোর প্ল্যান খুলে কর্নার রুমটা মার্ক করে। পাশের সার্ভিস করিডোর—কম ব্যবহার হয়, নজরও কম। নিচের গেট থেকে ওই করিডোরে ঢোকার একটা ব্লাইন্ড স্পট আছে—ক্যামেরা আছে, কিন্তু অ্যাঙ্গেল অসম্পূর্ণ। সে ক্যামেরার ফিড খুলে রাতের ফুটেজ রিওয়াইন্ড করে। ১১:২৯—গেট খুলেছে। ১১:৩১—একটা ছায়া ঢুকেছে, মুখ দেখা যায় না। ১১:৩৩—করিডোরে সেই ছায়া হারিয়ে গেছে। টাইমলাইন মিলছে। প্যাটার্ন পরিষ্কার হচ্ছে।

সে নোটে লিখে: "এন্ট্রি—গেট ⟶ ব্লাইন্ড স্পট ⟶ সার্ভিস করিডোর ⟶ কর্নার রুম।" তারপর থামে। পরের লাইনে লেখে: "লক্ষ্য—সই।" এই একটা শব্দের নিচে সে দাগ টানে। কারণ সে জানে, কাগজ মানেই সম্পত্তি, শেয়ার, বা ক্ষমতা। আর সই মানেই নিয়ন্ত্রণ বদল।

ফোনে হালকা ভাইব্রেশন। সেই অচেনা নম্বর। মেসেজ: "আগামীকাল সকাল।" আরহান স্ক্রিনে তাকিয়ে থাকে। সে এবার জিজ্ঞেস করে, "লোকেশন?" কয়েক সেকেন্ড পর পিন আসে—রেজিস্ট্রি অফিসের কাছাকাছি একটা বিল্ডিং। সে জুম করে দেখে—বিল্ডিংয়ের নাম পরিচিত। এই জায়গায় কাগজ বদলায়, মালিকানা বদলায়। শব্দটা আবার মাথায় বাজে—"সই।"

সে উঠে দাঁড়ায়। জানালার কাছে গিয়ে বাইরে তাকায়। আকাশ ফ্যাকাশে হচ্ছে, ভোর আসছে। সে নিজের প্রতিচ্ছবি দেখে—চোখে এখন আর সন্দেহ নেই, পরিকল্পনা আছে। সে ধীরে বলে, "কাল ওরা এগোবে, আমি ধরব।"

সে ফিরে এসে আরেকটা কল করে—খুব ছোট, খুব নির্দিষ্ট। "সকাল দশটার আগে ওই বিল্ডিংয়ের ভেতরের অ্যাক্সেস চাই। এন্ট্রি লগ, সিসিটিভি—সব।" ওপাশ থেকে উত্তর, "হবে।" আরহান কল কেটে দেয়। এরপর সে আরেকটা মেসেজ পাঠায়—"গাড়ি, নম্বর ৭৩—ট্র্যাক রাখো।" রিপ্লাই আসে, "ওকে।"

টেবিলে বসে সে শেষবারের মতো নোটটা পড়ে। সময়, পথ, শব্দ—সব ঠিক। সে কোনো ছবি তোলে না, কোনো প্রমাণ এখনই সংগ্রহ করে না। কারণ সে জানে, অসম্পূর্ণ প্রমাণ বিপজ্জনক। পুরোটা একসাথে লাগবে—একবারে, পরিষ্কারভাবে।

সে চেয়ার থেকে উঠে লাইট নিভিয়ে দেয়। অন্ধকারে দাঁড়িয়ে কয়েক সেকেন্ড চোখ বন্ধ করে—এই প্রথম। স্মৃতি আসে না। কারণ তার মাথা এখন অতীতে না, বর্তমানের খেলায়। সে বিছানায় শুয়ে পড়ে, কিন্তু ঘুমায় না। ঘড়ির টিকটিক চলতে থাকে, তার ভেতরেও আরেকটা টিকটিক—সময়ের সাথে মিলে।

ভোর হওয়ার আগে সে শুধু একটা বাক্য ভাবে—"আজ দেখলাম, কাল থামাবো।"

কণ্ঠে কোনো আবেগ নেই, শুধু নিশ্চিততা। কারণ সে বুঝে গেছে—এটা কেবল সম্পর্কের ভাঙন না, এটা দখলের খেলা। আর এই খেলায় সে দেরিতে ঢুকলেও, শেষ চালটা তারই হবে।

অধ্যায় ৫: সইয়ের দিন

সকালের আলো আজ একটু বেশি পরিষ্কার লাগে। যেন আলো নিজেই জানে—আজ কিছু বদলাবে। আরহান আয়নার সামনে দাঁড়িয়ে টাই ঠিক করে। তার মুখে কোনো তাড়াহুড়ো নেই, চোখে কোনো অস্থিরতা নেই। এই স্থিরতাই তার সবচেয়ে বড় প্রস্তুতি। নিচে নেমে দেখে টেবিল সাজানো। মাহিরা বসে আছে, চায়ের কাপ হাতে, ফোন উল্টো করে রাখা। সে তাকায়, "আজ তাড়াতাড়ি বের হবে?" কণ্ঠে স্বাভাবিকতা, কিন্তু চোখে চাপা হিসাব। আরহান বসে, "হ্যাঁ।"

"কোথায়?"

"কাজ আছে।"

মাহিরা হালকা হাসে, "আমারও।"

এই 'আমারও' শব্দটাই যথেষ্ট। দু'জনেই জানে, আজ কে কোথায় যাবে—কেউ কাউকে বলে না। নীরব বোঝাপড়া, কিন্তু উদ্দেশ্য আলাদা। আরহান খাওয়া শেষ করে উঠে দাঁড়ায়। "ড্রাইভার লাগবে না," সে বলে। মাহিরা মাথা নাড়ে, "ওকে।" তারপর যোগ করে, "আমি পরে বের হবো।" সময় মিলছে না—ইচ্ছাকৃতভাবে।

গাড়িতে উঠেই আরহান ফোন বের করে লোকেশন চেক করে। মাহিরার লোকেশন অফ। সে অবাক হয় না। বরং নিশ্চিত হয়—সবকিছু প্ল্যানমতো চলছে। সে গাড়ি চালাতে চালাতে সরাসরি রেজিস্ট্রি অফিসের দিকে যায় না। আগে পাশের রাস্তা ধরে ঘুরে দেখে। বিল্ডিংটা সামনে পড়ে—তিনতলা, বাইরে থেকে সাধারণ। কিন্তু ভেতরে সিদ্ধান্ত হয়।

সে গাড়ি একটু দূরে রেখে দেয়। সময়—৯:১২। এখনও তাড়া নেই। সে ফোনে ছোট একটা মেসেজ পায়—"গাড়ি ঢুকেছে।" আরেকটা—"দুইজন।" আরহান মাথা নাড়ে। সে নেমে হাঁটতে শুরু করে। তার হাঁটা ধীর, কিন্তু লক্ষ্যভেদী।

বিল্ডিংয়ের ভেতরে ঢুকতেই ঠান্ডা একটা গন্ধ। কাগজ, ফাইল, সিল—সবকিছুর মিশ্রণ। রিসেপশনে বসা লোকটা মাথা তোলে। আরহান নাম বলে না, শুধু বলে, "অ্যাপয়েন্টমেন্ট আছে।" লোকটা তালিকা দেখে মাথা নাড়ে, "উপরে।" এই জায়গায় নামের চেয়ে সময় গুরুত্বপূর্ণ।

সিঁড়ি বেয়ে উঠতে উঠতে সে চারপাশ দেখে। ক্যামেরা কোথায়, কে তাকাচ্ছে—সব নোট করে। দ্বিতীয় তলায় একটা দরজা আধখোলা। ভেতর থেকে কণ্ঠ ভেসে আসে। মাহিরা।

আরেকটা কণ্ঠ—গত রাতের সেই পুরুষ। আরেকজন আছে—সম্ভবত ল'ইয়ার। কথাগুলো পরিষ্কার না, কিন্তু শব্দগুলো চেনা—"ড্রাফট", "সাইন", "ট্রান্সফার।"

আরহান থামে না। সে সরাসরি দরজার সামনে গিয়ে দাঁড়ায় না। বরং পাশের ঘরে ঢুকে পড়ে। ঘরটা খালি। জানালার পাশে দাঁড়িয়ে সে ভেতরের শব্দ শোনে। এইবার স্পষ্ট—

"সব ঠিক আছে তো?" ল'ইয়ার জিজ্ঞেস করে।

"হ্যাঁ, শুধু সই বাকি," পুরুষটা বলে।

মাহিরা বলে, "ও কিছু বুঝবে না।"

এই একটা বাক্যই যথেষ্ট।

আরহান দরজার দিকে হাঁটে। এইবার থামে না। সরাসরি দরজা ঠেলে ভেতরে ঢোকে।

ঘরটা থমকে যায়।

মাহিরার মুখে প্রথমবারের মতো সেই অভিব্যক্তি—অপ্রস্তুত। পুরুষটা চোখ সরু করে তাকায়। ল'ইয়ার চুপ। টেবিলের ওপর কাগজ ছড়ানো, সাইন করার জায়গা ফাঁকা।

আরহান ধীরে বলে, “চালিয়ে যাও।”

কেউ নড়ে না।

সে টেবিলের দিকে এগিয়ে যায়। কাগজ তুলে দেখে। নাম, সম্পত্তি, ট্রান্সফার—সব স্পষ্ট। সে কাগজটা রেখে দেয়। তারপর মাহিরার দিকে তাকায়। কয়েক সেকেন্ড। কোনো রাগ নেই, কোনো চিৎকার নেই।

“ভালো প্ল্যান,” সে বলে।

মাহিরা কিছু বলতে যায়, থেমে যায়। পুরুষটা বলে, “আপনি ভুল বুঝছেন—”

আরহান থামিয়ে দেয়, “না। আমি ঠিকই বুঝেছি।”

তার কণ্ঠ নিচু, কিন্তু কাটার মতো।

ঘরের ভেতরে বাতাস ভারী। কেউ বসে নেই, কেউ উঠে দাঁড়ায় না। সময় যেন থেমে আছে। আরহান পকেট থেকে ফোন বের করে একটা বোতাম চাপল। দরজার বাইরে দু'জন লোক ঢুকে পড়ে—নীরব, পেশাদার। ল'ইয়ার একদম চুপ হয়ে যায়।

“ক্যামেরা অন আছে,” আরহান বলে। “সব রেকর্ড হচ্ছে।”

পুরুষটা এবার এগিয়ে আসে, “আপনি—”

“থামুন,” আরহান বলে। “এটা আপনার খেলা না।”

সে মাহিরার দিকে তাকায়। এইবার চোখে একটু অন্যরকম কিছু—হতাশা না, ক্লান্তি।

“কেন?” সে শুধু একটা শব্দ বলে।

মাহিরা উত্তর দেয় না। কারণ এই ‘কেন’-এর উত্তর নেই। এটা পরিকল্পনা, অনুভূতি না।

আরহান মাথা নাড়ে। “ঠিক আছে।”

সে কাগজগুলো গুছিয়ে নেয়। ল’ইয়ারের দিকে তাকিয়ে বলে, “এগুলো এখানেই থাকবে।” তারপর পুরুষটার দিকে তাকায়, “আপনি বের হবেন।”

কণ্ঠে কোনো উচ্চতা নেই, তবু নির্দেশ স্পষ্ট।

মাহিরা দাঁড়িয়ে থাকে। কিছু বলে না। এই নীরবতাই তার সবচেয়ে বড় স্বীকারোক্তি।

আরহান ঘুরে দরজার দিকে যায়। বের হওয়ার আগে থামে। পিছনে তাকায় না। শুধু বলে, "আজ থেকে খেলা শেষ।"

তারপর বেরিয়ে যায়।

করিডোরে আলো আগের মতোই। কিন্তু সবকিছু বদলে গেছে।

কারণ সত্যি একবার সামনে এলে, আর লুকিয়ে থাকা যায় না

 অধ্যায় ৬: ভাঙনের পরের নীরবতা

পার্ট ১: ফেরার পথ

বিল্ডিং থেকে বেরিয়ে আসার পর রাস্তাটা অদ্ভুতভাবে ফাঁকা লাগে। একই শহর, একই ভিড়—তবু সবকিছু দূরের মতো। আরহান গাড়িতে বসে স্টার্ট দেয়, কিন্তু কয়েক সেকেন্ড দাঁড়িয়ে থাকে। তার হাতে এখন সব প্রমাণ আছে, সব সত্যি সামনে। তবু কোনো তৃপ্তি নেই। শুধু একটা ভারী নিঃশ্বাস বের হয়। সে ধীরে গাড়ি চালাতে শুরু করে। সিগনালে দাঁড়ালে পাশের গাড়িতে একটা দম্পতি হাসছে। মেয়েটা কিছু বলছে, ছেলেটা মাথা নেড়ে শুনছে। খুব সাধারণ দৃশ্য। অথচ এই সাধারণটাই তার জীবনে কখনো ছিল না। সে চোখ সরিয়ে নেয়। কাঁচে নিজের প্রতিচ্ছবি পড়ে—আজ চোখে কোনো সন্দেহ নেই, শুধু ক্লান্তি।

পার্ট ২: মুখোমুখি, শেষবার

বাড়িতে ঢুকতেই নীরবতা তাকে স্বাগত জানায়। দরজা খুলে ভেতরে ঢুকে সে সোজা ড্রইংরুমে দাঁড়ায়। কিছুক্ষণ পর মাহিরা ঢোকে। তার হাঁটা ধীর, চোখে ক্লান্তি আর ভাঙা আত্মবিশ্বাস। দু'জনেই কিছুক্ষণ চুপ। এই নীরবতাই তাদের সবচেয়ে সত্যি কথোপকথন।

"তুমি আগেই জানলে?" মাহিরা জিজ্ঞেস করে।

"অনেক আগেই," আরহান বলে।

"তাহলে থামাওনি কেন?"

আরহান কিছুক্ষণ তাকিয়ে থাকে। "দেখতে চেয়েছিলাম, কতদূর যাও।"

মাহিরা মাথা নিচু করে। "সবটা আমার না," সে বলে।

"জানি," আরহান উত্তর দেয়। "তবু তুমি ছিলে।"

কথাগুলো ছোট, কিন্তু শেষ। এখানে আর কোনো ব্যাখ্যার জায়গা নেই।

মাহিরা ধীরে বলে, "তুমি কি আমাকে ক্ষমা করবে?"

আরহান সরাসরি উত্তর দেয় না। "ক্ষমা করলে কি বদলাবে?"

মাহিরা চুপ। কারণ বদলাবে না।

কিছুক্ষণ পর আরহান বলে, "সব কাগজ তোমার নামে হবে না। যেটা তোমার, সেটা থাকবে। বাকিটা—শেষ।"

মাহিরা তাকায়। "তুমি আমাকে বের করে দিচ্ছ?"

"না," আরহান বলে। "আমি বের হচ্ছি।"

এই কথাটাই সবকিছু পাল্টে দেয়। বাড়িটা তার, তবু সে চলে যাবে। কারণ জায়গা না, মানুষই ঘর বানায়—আর সেই মানুষ নেই।

পার্ট ৩: ছাড়ার সিদ্ধান্ত

রাত নামতে নামতে বাড়িটা আবার আগের মতো চুপ। কিন্তু এই চুপ এখন ফাঁকা। আরহান নিজের রুমে ঢুকে ব্যাগ গুছাতে শুরু করে। খুব বেশি কিছু নেয় না—কিছু কাপড়, কয়েকটা ফাইল, একটা পুরোনো ঘড়ি। এই ঘরটা সে গড়ে তুলেছিল, কিন্তু এখন এটা শুধু দেয়াল।

নিচে নামার আগে সে একবার চারপাশে তাকায়। সবকিছু ঠিক জায়গায়—সাজানো, নিখুঁত। কিন্তু নিখুঁত জিনিসে অনুভূতি থাকে না।

গেটের কাছে এসে সে থামে। গার্ড দরজা খুলে দেয়। বাইরে রাত। সে গাড়িতে ওঠে না। হাঁটা শুরু করে।

হাঁটতে হাঁটতে সে বুঝতে পারে—সব হারানো মানে সব শেষ না। কখনো কখনো সব ছেড়ে দেওয়াই নতুন শুরু।

তার ফোনে একটা মেসেজ আসে। অচেনা নম্বর।

"আপনি কি ঠিক আছেন?"

সে থামে। স্ক্রিনের দিকে তাকিয়ে থাকে।

এই প্রশ্নটা খুব ছোট। কিন্তু অনেকদিন পর কেউ তাকে জিজ্ঞেস করল।

সে রিপ্লাই দেয় না। ফোনটা পকেটে রেখে আবার হাঁটা শুরু করে।

কিন্তু তার ভেতরে প্রথমবারের মতো একটা হালকা অনুভূতি জন্ম নেয়—

সবকিছু শেষ হয়নি। কিছু একটা এখনো বাকি আছে।

 অধ্যায় ৭: পথের ধারে একা মানুষ

পার্ট ১: শহরের ভোর, ভেতরের শূন্যতা

ভোরের ঠিক আগে শহরটা অদ্ভুতভাবে থেমে থাকে। আলো জ্বলে, কিন্তু সেই আলোতে তাড়াহুড়ো নেই। রাস্তার ল্যাম্পপোস্টগুলো যেন নিজেরাই ক্লান্ত, ধীরে ধীরে নিভে যাওয়ার অপেক্ষায়। আরহান হাঁটছিল—গন্তব্য ছাড়া, কিন্তু থেমে না। তার হাঁটার মধ্যে কোনো তাড়া নেই, আবার পুরোপুরি দিকহীনতাও নেই। যেন সে কোথাও যাচ্ছে, কিন্তু কোথায়—সেটা এখনো ঠিক করেনি। গত রাতের সবকিছু মাথার ভেতর ঘুরছে—মাহিরার মুখ, সেই কাগজ, সেই শব্দ—"সই।" অদ্ভুত ব্যাপার হলো, এত বড় একটা বিশ্বাসঘাতকতার পরেও তার ভেতরে চিৎকার নেই। শুধু একটা নিঃশব্দ ভার। এই ভারটাই বেশি কষ্ট দেয়, কারণ এর কোনো শব্দ নেই।

রাস্তার পাশে একটা ছোট চায়ের দোকান চোখে পড়ল। টিনের চাল, সামনে কাঠের বেঞ্চ, কেটলিতে ধোঁয়া উঠছে। এই সাধারণ দৃশ্যটা তাকে থামিয়ে দিল। সে এগিয়ে গিয়ে দাঁড়াল। "একটা চা দিন।" দোকানদার মাথা তুলে তাকাল, তারপর হালকা হাসল। "চিনি কেমন দেবেন?" প্রশ্নটা খুব সাধারণ। আরহান একটু থামল। সে সাধারণত সবকিছু নিজে ঠিক করে—কতটা চিনি, কতটা দুধ, কতটা সময়। আজ সে বলল, "যেমন দেন।" এই ছোট সিদ্ধান্তটাই তার কাছে নতুন। যেন সে প্রথমবার নিজের নিয়ন্ত্রণটা একটু ছেড়ে দিল।

চা এল কাঁচের ছোট গ্লাসে। সে হাতে নিল। গরমটা আঙুলে লাগল, কিন্তু সে হাত সরাল না। ধীরে চুমুক দিল। স্বাদটা খুব সাধারণ—না বেশি মিষ্টি, না বেশি তেতো। কিন্তু অদ্ভুতভাবে ঠিক। সে বুঝতে পারল, সব ঠিক জিনিস নিখুঁত হয় না, কিছু জিনিস শুধু ঠিক জায়গায় ঠিক সময়ে এলে ভালো লাগে। দোকানদার বলল, "ভোরে চা খেলে দিন ভালো যায়।" আরহান তাকাল। কিছু বলল না। তার মাথায় একটা প্রশ্ন এল—দিন কি চা দিয়ে ভালো হয়, না মানুষের ভেতরের অবস্থায়? উত্তর সে জানে না, তবু প্রশ্নটা তাকে একটু থামাল।

পার্ট ২: এক অচেনা মানুষের সহজ সত্য

বেঞ্চে বসতেই সে খেয়াল করল, পাশে একজন বৃদ্ধ বসে আছে। সাদা দাড়ি, চোখে অদ্ভুত শান্তি। এই শান্তিটা আলাদা—যারা অনেক কিছু বুঝে ফেলেছে, তাদের চোখে যেমন থাকে। বৃদ্ধ হালকা গলায় বলল, "বাড়ি থেকে বের হয়েছ?" প্রশ্নটা খুব সহজ, কিন্তু এর ভেতরে অনেক কিছু লুকানো। আরহান বলল, "হ্যাঁ।" বৃদ্ধ আবার জিজ্ঞেস করল, "ফিরবে?" এইবার আরহান থামল। "জানি না।" এই 'জানি না' বলাটা তার জন্য সহজ ছিল না, কিন্তু আজ সে বলল। বৃদ্ধ মাথা নাড়ল। "ভালো। যারা 'জানি না' বলতে পারে, তারা নতুন করে শুরু করতে পারে।" কথাটা শুনে আরহান চুপ করে রইল। এই লোকটা তাকে চেনে না, তবু এমন কথা বলছে, যেন অনেকদিন ধরে তাকে দেখছে।

কিছুক্ষণ পরে বৃদ্ধ আবার বলল, "সব হারিয়েছ?" আরহান সরাসরি উত্তর দিল না। বলল, "অনেকটা।" বৃদ্ধ হালকা হাসল। "অনেকটা হারানো মানে সব হারানো না। মানুষ যতক্ষণ নিজেকে হারায় না, ততক্ষণ কিছুই শেষ না।" কথাটা খুব সাধারণ শোনায়, কিন্তু কোথাও গিয়ে লাগে। আরহান ভাবল—সে কী হারিয়েছে? টাকা? না। সেগুলো এখনো আছে।

সম্পর্ক? হ্যাঁ। বিশ্বাস? হয়তো সবচেয়ে বেশি। কিন্তু নিজেকে কি সে হারিয়েছে? এই প্রশ্নের উত্তর সে জানে না।

বৃদ্ধ বলল, "জীবনে দুইটা সময় খুব গুরুত্বপূর্ণ—যখন সব পেয়ে যাই, আর যখন সব হারাই। প্রথমটা মানুষকে বদলায় না, দ্বিতীয়টা বদলায়।" আরহান এবার তাকাল। এই কথাগুলো তার ভেতরে ঢুকে যাচ্ছে। সে বুঝতে পারল—সে দ্বিতীয় সময়ের মধ্যে আছে। এই সময়টা যদি ঠিকভাবে পার করা যায়, তাহলে কিছু বদলাবে। না পারলে—সব শেষ।

পার্ট ৩: প্রথম আলোর সামনে দাঁড়িয়ে থাকা

আকাশ ধীরে ধীরে বদলাতে শুরু করেছে। কালচে নীল থেকে হালকা নীল, তারপর সোনালি আভা। সূর্য ওঠার আগে যে আলোটা আসে, সেটা খুব কোমল। চোখে লাগে না, কিন্তু মনে লাগে। আরহান উঠে দাঁড়াল। পকেট থেকে টাকা বের করে দোকানদারকে দিল। দোকানদার বলল, "আরেক কাপ?" সে মাথা নাড়ল। "না।" এই 'না' বলাটা এবার কঠিন লাগল না।

সে আবার হাঁটা শুরু করল। কিন্তু এবার তার হাঁটা আগের মতো না। আগেরটা ছিল পালানো, এখনটা খোঁজা। সামনে একটা মসজিদ চোখে পড়ল। দরজা খোলা। ভেতরে কয়েকজন নামাজ পড়ছে। খুব শান্ত একটা দৃশ্য। সে থামল। অনেকদিন পর সে এমন একটা জায়গার সামনে দাঁড়াল, যেখানে মানুষ নিজের ভেতরের শব্দগুলোকে শান্ত করতে আসে।

সে ভেতরে ঢুকল না, আবার সরে গেলও না। দাঁড়িয়ে রইল। তার মাথায় একটা প্রশ্ন ঘুরছে—শান্তি কি সত্যিই এখানে পাওয়া যায়, নাকি এটা শুধু মানুষের বিশ্বাস? তারপর

আরেকটা প্রশ্ন—সে কি কখনো খুঁজেছে? উত্তর—না। সে সবসময় দৌড়েছে। সাফল্যের দিকে, প্রমাণের দিকে, নিজের তৈরি একটা দুনিয়ার দিকে। কিন্তু আজ প্রথমবার সে থামতে চাইছে।

সে ধীরে এক পা এগোল। তারপর আরেক পা। কোনো নাটকীয়তা নেই, কোনো বড় ঘোষণা নেই। শুধু একটা ছোট সিদ্ধান্ত। সে ভেতরে ঢুকল। ঠান্ডা মেঝে, নরম আলো, নিচু কণ্ঠের দোয়া। এই পরিবেশটা তার কাছে নতুন, কিন্তু অচেনা না। যেন কোথাও সে আগে এটা অনুভব করেছে—খুব ছোটবেলায়।

সে এক কোণে দাঁড়িয়ে রইল। কিছু করল না, শুধু দেখল। এই দেখাটার মধ্যে একটা শান্তি আছে। অনেকদিন পর তার মাথার ভেতরের শব্দগুলো একটু কমে গেল। পুরো থামেনি, কিন্তু কমেছে। আর সেটাই তার জন্য নতুন।

সে বুঝতে পারল—সবকিছু হারানোর পর মানুষ যদি থামতে পারে, তাহলে সে নতুন করে শুরু করতে পারে। আর যদি না থামে, তাহলে সে শুধু দৌড়ায়—শেষ না থাকা একটা পথে।

আরহান চোখ বন্ধ করল না। সে শুধু দাঁড়িয়ে রইল।

কারণ আজ সে পালাচ্ছে না।

আজ সে প্রথমবার নিজের সামনে দাঁড়িয়েছে।

 অধ্যায় ৮: ভেতরের দরজা

পার্ট ১: নীরবতার ভেতরে বসা মানুষ

মসজিদের ভেতরের পরিবেশটা অদ্ভুতভাবে শান্ত। বাইরে শহর জেগে উঠছে—গাড়ির শব্দ, মানুষের হাঁটা, দোকান খোলা—সব চলছে। কিন্তু এই ভেতরে সেই তাড়াহুড়োর কোনো ছাপ নেই। এখানে সময় ধীরে চলে। আরহান এক কোণে দাঁড়িয়ে ছিল, তারপর ধীরে বসে পড়ল। সে নামাজ জানে, নিয়ম জানে—কিন্তু আজ সে নিয়ম করতে আসেনি। সে এসেছে থামতে।

তার সামনে কয়েকজন মানুষ নামাজ পড়ছে। কারও চোখ বন্ধ, কারও ঠোঁট নড়ছে। তারা কী বলছে, সে শোনে না। তবু বুঝতে পারে—তারা কিছু চাইছে। হয়তো ক্ষমা, হয়তো শান্তি, হয়তো কোনো উত্তর। আরহান নিজের ভেতরে খুঁজল—সে কী চাইছে?

প্রথমে কিছুই পেল না। তারপর ধীরে একটা কথা উঠে এলো—“শান্তি।”

শব্দটা খুব ছোট। কিন্তু এই শব্দটাই সে কখনো খুঁজে দেখেনি।

সে মেঝের দিকে তাকিয়ে থাকে। ঠান্ডা, পরিষ্কার, নিরাবেগ। এই মেঝেতে বসে থাকা মানুষগুলোর ভেতরে কত গল্প—কেউ জানে না। বাইরে থেকে সবাই একই, ভেতরে আলাদা। ঠিক তার মতো।

তার মাথায় হঠাৎ একটা ছবি আসে—ছোট্ট একটা ছেলে দরজার ফাঁকে দাঁড়িয়ে। সে নিজে। সেই রাত। সে চোখ বন্ধ করে না, তবু ছবিটা ভেসে ওঠে। পার্থক্য একটাই—আজ সে ভয় পাচ্ছে না। শুধু দেখছে। এই দেখাটা আগের মতো না। আগেরটা ছিল চাপা রাখা, আজকেরটা বোঝা।

পার্ট ২: এক কথার মানুষ

"বাবা, বসে থাকলে কিছু পাওয়া যায় না, খুঁজতে হয়।"

কণ্ঠটা খুব নরম। পাশে বসা একজন মোলবি। সাদা দাড়ি, চোখে মায়া। তিনি সরাসরি তাকান না, যেন জানেন—এই মানুষটার সময় লাগবে।

আরহান ধীরে বলল, "কী খুঁজব?"

মোলবি একটু হাসলেন, "যেটা হারিয়েছ, সেটাই।"

কথাটা শুনে আরহান থামল। "সব হারাইনি," সে বলল।

"তাহলে যা বাকি আছে, সেটাকেই ঠিক করো," মোলবি উত্তর দিলেন।

কথাগুলো খুব সহজ। তবু কোথাও গিয়ে লাগে।

মোলবি আবার বললেন, "মানুষ যখন সব নিজের মতো করতে চায়, তখন আল্লাহ তাকে থামান। কারণ মানুষ সব জানে না।"

আরহান বলল, "আমি সব নিয়ন্ত্রণে রাখতে চেয়েছিলাম।"

"তাই হারিয়েছ," মোলবি বললেন।

কথাটা আঘাতের মতো না, সত্যির মতো লাগে।

আরহান প্রথমবার স্বীকার করল, "আমি ভালোবাসা কিনতে চেয়েছিলাম।"

মোলবি এবার সরাসরি তাকালেন। "ভালোবাসা কেনা যায় না। এটা পাওয়া যায়। আর পেতে হলে আগে দিতে হয়।"

এই কথাটা আরহানের ভেতরে গিয়ে থামে।

সে ভাবল—সে কখনো কিছু দিয়েছে? না। সে শুধু পেয়েছে—টাকা, সাফল্য, ক্ষমতা। কিন্তু ভালোবাসা? সে সেটা চাইছিল, কিন্তু দেওয়ার কথা ভাবেনি।

পার্ট ৩: নতুন দরজার সামনে

মসজিদের ভেতরের আলো একটু বদলেছে। সূর্যের আলো ঢুকছে।

মোলবি ধীরে বললেন, “একটা প্রশ্ন করব?”

“করুন।”

“তুমি কি আবার শুরু করতে পারবে?”

প্রশ্নটা সহজ। উত্তরটা কঠিন।

আরহান কিছুক্ষণ চুপ করে থাকল। তারপর বলল, “জানি না।”

মোলবি হাসলেন। “এই ‘জানি না’টাই শুরু।”

তিনি একটু থেমে আবার বললেন, “আমার একটা মেয়ে আছে। খুব সাধারণ। সে বড় কিছু বোঝে না, কিন্তু মানুষ বোঝে। তুমি চাইলে একদিন দেখা করতে পারো।”

কথাটা হঠাৎ।

আরহান অবাক হয় না, আবার পুরো স্বাভাবিকও লাগে না।

সে জিজ্ঞেস করল, “কেন?”

মোলবি বললেন, “কারণ তুমি এখনো পুরো ভাঙোনি। পুরো ভাঙলে মানুষ আর গড়তে পারে না। তুমি মাঝখানে আছো—এই সময়টা সবচেয়ে গুরুত্বপূর্ণ।”

আরহান চুপ করে রইল।

সে কোনো উত্তর দিল না।

তবু তার ভেতরে একটা দরজা একটু নড়ে উঠল।

মসজিদ থেকে বের হওয়ার সময় সে পেছনে তাকাল না।

কারণ সে জানে—কিছু জায়গা মনে রাখতে হয়, ফিরে তাকিয়ে না।

বাইরে আলো পুরো উঠেছে।

শহর আবার তার গতিতে ফিরে গেছে।

কিন্তু আরহানের ভেতরে কিছু একটা বদলেছে।

বড় না, খুব ছোট।

তবু সেই ছোট পরিবর্তনটাই

একদিন পুরো জীবন বদলে দিতে পারে।

অধ্যায় ৯: এক নতুন পরিচয়

পার্ট ১: ফিরে না গিয়ে সামনে হাঁটা

মসজিদ থেকে বের হওয়ার পর আরহান পেছনে তাকাল না। এই না-তাকানোটা তার অভ্যাস নয়, তবু আজ সে ইচ্ছে করেই করল। কারণ কিছু জায়গা থাকে, যেগুলোকে মনে রাখতে হয় সামনে হেঁটে, পেছনে নয়। রাস্তায় তখন সকাল পুরো জেগে গেছে। দোকান খুলছে, বাস থামছে, মানুষ ছুটছে। এই একই শহর—যেটার মধ্যে সে এতদিন ছিল, কিন্তু আজ যেন অন্যরকম লাগে। সে হাঁটতে হাঁটতে বুঝতে পারে, তার ভেতরের ভারটা পুরো যায়নি, কিন্তু আগের মতো চাপা নয়। যেন কেউ এসে বলেছে—"সব শেষ না।"

তার ফোনে কয়েকটা মিসড কল। অফিস, সহকারী, এক-দু'জন ক্লায়েন্ট। সে কোনোটা রিসিভ করে না। কাজ তার জন্য সবসময় আশ্রয় ছিল, কিন্তু আজ সে আশ্রয় বদলাতে চায়। সে একটা গাড়ি থামায় না, রিকশা নেয় না—হাঁটতে থাকে। এই হাঁটার ভেতরেই সে ভাবছে, এতদিন সে যা করেছে, সব কি ভুল? নাকি সবকিছুই দরকার ছিল, এই জায়গায় পৌঁছানোর জন্য? উত্তর সে পায় না। তবু প্রশ্নটা আগের মতো কষ্ট দেয় না।

একটা জায়গায় এসে সে থামে। রাস্তার পাশে ছোট একটা বইয়ের দোকান। পুরোনো বই, নতুন বই—মিশে আছে। সে অকারণে ভেতরে ঢুকে পড়ে। দোকানদার তাকিয়ে বলে, "কী

বই লাগবে?” আরহান বলে, “কিছু একটা… যেটা মানুষকে শান্ত করে।” দোকানদার একটু ভেবে একটা ছোট বই এগিয়ে দেয়। “পড়লে খারাপ লাগবে না।” আরহান বইটা হাতে নেয়। পাতাগুলো উল্টায়। কোনো বড় কথা না, ছোট ছোট লাইন। তবু কোথাও গিয়ে লাগে। সে বইটা কিনে নেয়। অনেকদিন পর সে কিছু কিনল—নিজের জন্য, কোনো হিসাব ছাড়া।

পার্ট ২: প্রথম দেখা

বিকেলের দিকে সে আবার মসজিদের পাশ দিয়ে হাঁটছিল। ইচ্ছে করে না, তবু পা সেদিকেই যায়। ভেতরে ঢোকার আগে সে একটু থামে। আজ ভেতরে কম মানুষ। মোলবি সাহেব এক কোণে বসে আছেন। তাকে দেখে হালকা হাসলেন। “এসেছো?”

আরহান মাথা নাড়ল। “হ্যাঁ।”

“ভালো,” তিনি বললেন, “চা খাবে?”

চা এল। মাটির কাপ। গরম ধোঁয়া উঠছে। দু’জন চুপ করে বসে থাকে। এই চুপে অস্বস্তি নেই। মোলবি হঠাৎ বললেন, “আজ ওর সাথে দেখা করিয়ে দিই?”

আরহান একটু থামল। “যদি আপনি মনে করেন…”

মোলবি উঠে দাঁড়ালেন। “চলো।”

মসজিদের পাশ দিয়ে একটা সরু গলি। গলির শেষে ছোট একটা বাড়ি। খুব সাধারণ—টিনের ছাদ, সামনে তুলসী গাছ, দরজায় পর্দা। ভেতর থেকে একটা মেয়ের কণ্ঠ ভেসে আসে, “আব্বা, আপনি এলেন?” কণ্ঠে এমন স্বাভাবিকতা, যেন কোনো ভান নেই।

মেয়েটা বাইরে এল। সাদা সালোয়ার, মাথায় ওড়না। মুখে কোনো সাজ নেই, তবু চোখে একটা আলাদা শান্তি। সে আরহানের দিকে তাকাল, তারপর নিচু গলায় বলল, "আসসালামু আলাইকুম।"

আরহান উত্তর দিল, "ওয়ালাইকুম আসসালাম।"

এই ছোট বিনিময়ের ভেতরেই একটা পার্থক্য বোঝা যায়। এখানে কোনো অভিনয় নেই।

মোলবি বললেন, "এটা আমার মেয়ে—সায়রা।"

সায়রা হালকা মাথা নাড়ল। "বসবেন?"

আরহান বলল, "হ্যাঁ।"

সে বসে। ঘরের ভেতর খুব সাধারণ জিনিস—কাঠের টেবিল, দুইটা চেয়ার, একটা শেলফ। তবু এই জায়গাটায় একটা উষ্ণতা আছে, যেটা তার বড় বাড়িতে ছিল না।

সায়রা চা নিয়ে এল। "চিনি কম, ঠিক আছে?"

আরহান হালকা অবাক হয়ে তাকাল।

সে বলল, "ঠিক আছে।"

এই 'ঠিক আছে' কথাটার ভেতরেই একটা নতুন স্বস্তি আছে।

পার্ট ৩: অদ্ভুত স্বাভাবিকতা

কথা শুরু হলো খুব সাধারণভাবে।

“আপনি কী করেন?” সায়রা জিজ্ঞেস করল।

“ব্যবসা,” আরহান বলল।

“কেমন ব্যবসা?”

“ঘর সাজানোর।”

সায়রা হালকা হাসল। “তাহলে আপনি মানুষের ঘর সুন্দর করেন।”

আরহান বলল, “হ্যাঁ… চেষ্টা করি।”

সে খেয়াল করল—এই মেয়েটা প্রশ্ন করছে, কিন্তু কৌতূহল দিয়ে, বিচার দিয়ে না। পার্থক্যটা বড়।

সায়রা আবার বলল, “আপনি কি নিজের ঘরও সুন্দর করতে পারেন?”

প্রশ্নটা খুব সরল, কিন্তু কোথাও গিয়ে লাগে।

আরহান একটু থামল। তারপর বলল, “সবসময় না।”

সায়রা মাথা নাড়ল। “সবাই পারে না। কেউ কেউ বাইরে সব ঠিক করে, ভেতরটা ফাঁকা থাকে।”

কথাটা শুনে আরহান চুপ হয়ে যায়। এই মেয়েটা তাকে চেনে না, তবু যেন তার ভেতরের কথা বলে ফেলছে।

মোলবি চুপচাপ বসে আছেন। তিনি কথা বলছেন না, শুধু দেখছেন।

কিছুক্ষণ পর সায়রা বলল, “আপনি কি আবার আসবেন?”

প্রশ্নটা খুব স্বাভাবিক।

আরহান উত্তর দেওয়ার আগে একটু ভাবল।

তারপর বলল, “হয়তো।”

এই ‘হয়তো’টা আগের ‘জানি না’র মতো না।

এখানে সম্ভাবনা আছে।

বাড়ি থেকে বের হওয়ার সময় সে বুঝতে পারল—আজকের দিনটা আলাদা।

কিছু বড় কিছু হয়নি।

কোনো নাটক না, কোনো সিদ্ধান্ত না।

তবু তার ভেতরে একটা ছোট জায়গা উষ্ণ হয়েছে।

হয়তো এটাই শুরু।

 অধ্যায় ১০: ধীরে বদলানো দিন

পার্ট ১: কাজে ফেরা, ভেতরে নতুন প্রশ্ন

সকালটা এবার আর আগের মতো ভারী নয়। আরহান আবার অফিসে যায়, কিন্তু আজ তার ভেতরের গতি আলাদা। লিফটে দাঁড়িয়ে সে আয়নায় নিজের দিকে তাকায়—চোখে ক্লান্তি আছে, কিন্তু সেই পুরোনো শূন্যতা নেই। কেবিনে ঢুকে ফাইল খুলে বসে, সহকারী একে একে কাজের তালিকা দেয়। সে শোনে, প্রশ্ন করে, সিদ্ধান্ত নেয়। সবকিছু ঠিকঠাক। তবু একটা জায়গায় সে বদলেছে—আজ সে তাড়াহুড়া করছে না। আগে সে কাজকে ব্যবহার করত নিজেকে এড়িয়ে যেতে, আজ কাজ করছে ঠিকভাবে, নিজেকে লুকিয়ে না।

মিটিংয়ে বসে ক্লায়েন্ট কথা বলছে—বড় প্রজেক্ট, বড় বাজেট। আরহান শুনছে, কিন্তু মাঝেমধ্যে অন্য একটা চিন্তা মাথায় আসে—“ঘর সুন্দর করা কি শুধু দেয়াল-আলো-রঙ?” সে নিজেরই প্রশ্নে থামে। এই প্রশ্নটা আগে কখনো আসেনি। সে উত্তর দেয় না, তবু বুঝতে পারে—ঘর শুধু সাজালে হয় না, মানুষও লাগে।

মিটিং শেষ হলে সহকারী বলে, “স্যার, সব ঠিক আছে?”

আরহান মাথা নাড়ে, “হ্যাঁ।”

কিন্তু এই 'হ্যাঁ' আগের মতো যান্ত্রিক না—এতে সচেতনতা আছে।

পার্ট ২: ছোট ছোট পরিবর্তন

দুপুরে সে হঠাৎ সিদ্ধান্ত নেয়—আজ বাইরে খাবে না। অফিসের ক্যান্টিনে গিয়ে বসে। সাধারণ খাবার—ভাত, ডাল, সবজি। পাশে কর্মচারীরা বসে কথা বলছে। সে খেয়াল করে—এই মানুষগুলো হাসছে, গল্প করছে, খুব ছোট ছোট বিষয় নিয়ে। এই ছোট জিনিসগুলোতেই কি স্বস্তি লুকানো থাকে? সে ধীরে খায়। তাড়াহুড়া নেই।

খাওয়ার পর সে ফোন বের করে। অনেকদিন পর সে একটা নম্বরে কল করে—মোলবি সাহেব।

"আসতে পারি?"

ওপাশ থেকে উত্তর আসে, "দরজা খোলা।"

এই 'দরজা খোলা' কথাটা তার ভালো লাগে। কারণ এখানে কোনো শর্ত নেই।

পার্ট ৩: একই জায়গা, নতুন অনুভূতি

বিকেলে সে আবার সেই গলির ভেতর দিয়ে যায়। একই পথ, একই বাড়ি। তবু আজ আলাদা লাগে। দরজায় পৌঁছাতেই ভেতর থেকে সায়রার কণ্ঠ, “আব্বা, কেউ এসেছে।” সে বেরিয়ে আসে। আজও সাদামাটা পোশাক, মাথায় ওড়না। চোখে একই শান্তি।

“আসসালামু আলাইকুম,” সে বলে।

“ওয়ালাইকুম আসসালাম,” আরহান উত্তর দেয়।

এই ছোট বিনিময়টা আজ একটু সহজ লাগে।

“বসবেন?”

“হ্যাঁ।”

সে বসে। আজ ঘরের ভেতরের জিনিসগুলো তার চোখে পড়ে—দেয়ালে ছোট ফ্রেম, পুরোনো ঘড়ি, বইয়ের তাক। সবকিছু খুব সাধারণ, কিন্তু কোথাও অগোছালো না। এই গুছানোটা আলাদা—এখানে দেখানোর কিছু নেই, তবু সুন্দর।

সায়রা চা নিয়ে আসে। “আজ চিনি কম দিয়েছি,” সে বলে।

আরহান হালকা হাসে, “ভালো।”

এই হাসিটা খুব ছোট, তবু সত্যি।

“আজ কাজ কেমন ছিল?” সায়রা জিজ্ঞেস করে।

“ভালো,” আরহান বলে।

“আপনি কি কাজ পছন্দ করেন?”

প্রশ্নটা শুনে সে থামে। “হ্যাঁ… করি।”

“তাহলে ভালো,” সায়রা বলে। “যা করি, সেটা যদি পছন্দ না হয়, তাহলে সবকিছু ভারী লাগে।”

কথাটা সহজ, কিন্তু ঠিক।

কিছুক্ষণ চুপচাপ। এই চুপে অস্বস্তি নেই।

আরহান বলে, “তুমি কি সবসময় এমন?”

“কেমন?”

“এত… সহজ?”

সায়রা হালকা হেসে বলে, “জটিল হওয়ার সময় পাইনি।”

এই উত্তরে কোনো নাটক নেই, তবু গভীরতা আছে।

মোলবি সাহেব পাশ থেকে বলেন, “জীবন যত কম চাওয়া শেখাবে, তত সহজ হবে।”

আরহান শুনে থাকে।

বাড়ি থেকে বের হওয়ার সময় সে বুঝতে পারে—আজকের দিনটা গতকালের চেয়ে একটু হালকা। কোনো বড় পরিবর্তন হয়নি, তবু ভেতরে একটা ধীরে বদল চলছে।

সে হাঁটতে হাঁটতে ভাবে—

সবকিছু একদিনে বদলায় না।

কিছু জিনিস সময় নেয়।

আর হয়তো এই সময়টাই

তার সবচেয়ে দরকার ছিল।

▯ অধ্যায় ১১: নরম বদল

পার্ট ১: কাজের ভেতরে মানুষ খোঁজা

সকালটা এবার স্বাভাবিকের চেয়েও পরিষ্কার লাগে। আরহান অফিসে ঢুকে সোজা কেবিনে যায় না; প্রথমে ফ্লোরে একবার ঘুরে নেয়। ডিজাইনাররা ড্রয়িং নিয়ে বসে আছে, কেউ রঙ নিয়ে তর্ক করছে, কেউ ক্লায়েন্টের মুড বোর্ড দেখছে। সে থেমে থেমে দেখে। আগে সে শুধু ফলাফল দেখত—এবার প্রক্রিয়াটাও দেখছে। এক টেবিলে নতুন একটা প্ল্যান ছড়ানো—ছোট একটা বাড়ি, বাজেট কম, কিন্তু আলো-হাওয়া খেলার সুযোগ আছে।

আরহান কাগজটা তুলে দেখে, তারপর বলে, "এখানে জানালাটা বড় করো। আলো ঢুকুক। জায়গা ছোট হলে আলোই জায়গা বাড়ায়।" ডিজাইনার অবাক হয়ে তাকায়—এটা সেই মানুষ, যে এতদিন শুধু সংখ্যার কথা বলত? আরহান কিছু বোঝায় না, শুধু নির্দেশ দেয়। ভেতরে ভেতরে সে বুঝছে—ঘর সাজানো মানে শুধু দেয়াল না, মানুষের শ্বাস নেওয়ার জায়গা তৈরি করা।

মিটিংয়ে গিয়ে সে আজ একটু বেশি শোনে। ক্লায়েন্ট বলছে, "আমরা চাই জায়গাটা 'লাক্সারি' দেখাক।" আরহান জিজ্ঞেস করে, "আপনারা কি 'আরাম' চান, না 'দেখানো'?" প্রশ্নটা সরাসরি। লোকটা থামে, তারপর বলে, "আরাম।" আরহান মাথা নাড়ে, "তাহলে ডিজাইনও সেই দিকে যাবে।" কথাটা সহজ, কিন্তু সিদ্ধান্ত বদলায়। সে খেয়াল করে—সঠিক প্রশ্ন অনেক সময় সঠিক ডিজাইনের চেয়েও জরুরি।

পার্ট ২: ছোট খেয়াল, বড় ইঙ্গিত

দুপুরে সে ক্যান্টিনে বসে খায়। পাশে বসা এক কর্মচারী ফোনে বাড়ির সাথে কথা বলছে—বাচ্চার জ্বর, ওষুধের কথা। আরহান শুনে ফেলে। সে খাওয়া শেষ করে উঠে গিয়ে বলে, "ডাক্তারের নামটা দাও, আমি অ্যাপয়েন্টমেন্ট করে দিচ্ছি।" লোকটা প্রথমে বুঝতে পারে না, তারপর ধীরে বলে, "ধন্যবাদ স্যার।" আরহান মাথা নাড়ে। সে বুঝতে পারে—এই কাজটা খুব বড় না, কিন্তু ভেতরে কোথাও নরম একটা অনুভূতি তৈরি করে। আগে সে এভাবে দেখত না; এখন দেখছে।

কেবিনে ফিরে সে সেই ছোট বইটা খুলে পড়ে—সকালের দোকান থেকে কেনা। পাতায় লেখা, "যা তোমার নয়, সেটা ধরে রাখতে গেলে হাত ক্লান্ত হয়; যা তোমার, সেটা

ছাড়লেও ফিরে আসে।” সে লাইনটা দু’বার পড়ে। তার মাথায় মাহিরার মুখ ভেসে ওঠে, তারপর মিলিয়ে যায়। সে বইটা বন্ধ করে। অতীতকে টেনে আনার দরকার নেই; এখন যা সামনে, সেটাই যথেষ্ট।

পার্ট ৩: কথার ভেতরে নীরবতা

বিকেলে সে আবার সেই গলিতে যায়। এবার হাঁটাটা পরিচিত লাগে। দরজায় পৌঁছাতেই সায়রা পর্দা সরিয়ে বাইরে তাকায়, তারপর হালকা হাসে। “আসসালামু আলাইকুম।”

“ওয়ালাইকুম আসসালাম,” আরহান বলে।

“আজ দেরি হয়নি,” সায়রা বলে।

“চেষ্টা করেছি,” আরহান উত্তর দেয়।

সে বসে। ঘরের ভেতর আজ হালকা লেবুর গন্ধ—সম্ভবত নতুন করে কিছু পরিষ্কার করা হয়েছে। ছোট টেবিলে দুইটা কাপ রাখা। সায়রা বলে, “আজ চা না, লেবু পানি।”

“ভালো,” আরহান বলে।

সে গ্লাস হাতে নেয়, ঠান্ডা স্বাদটা ধীরে গলায় নামে। এই সরল জিনিসগুলোতেই একটা স্বস্তি আছে, যেটা আগে সে খেয়াল করেনি।

“আপনি কি কখনো ফাঁকা বসে থাকেন?” সায়রা জিজ্ঞেস করে।

“খুব কম,” আরহান বলে।

“ফাঁকা বসে থাকলে ভয় লাগে?”

প্রশ্নটা অপ্রত্যাশিত। আরহান একটু ভেবে বলে, “আগে লাগত। এখন··· কম লাগছে।”

সায়রা মাথা নাড়ে। “ভয়টা কমলে মানুষ নিজের কথা শুনতে পারে।”

কিছুক্ষণ চুপ। এই চুপে কোনো অস্বস্তি নেই। বাইরে পাখির ডাক , দূরে কোনো বাচ্চার হাসি।

আরহান বলে, “তুমি কীভাবে এত সহজ থাকো?”

সায়রা হেসে বলে, “আমি কঠিন করে দেখিনি। যা আছে, সেটাই দেখি।”

“যদি যা আছে সেটা খারাপ হয়?”

“তাহলে সেটা বদলানোর চেষ্টা করি, না পারলে মেনে নিই। দুটোই কঠিন, কিন্তু দুটোই সম্ভব।”

কথাগুলো সরল, তবু কোথাও গিয়ে বসে। মোলবি সাহেব পাশ থেকে বলেন , “মানুষের সবচেয়ে বড় সমস্যা—সে যেটা নিয়ন্ত্রণ করতে পারে না, সেটাকেই নিয়ন্ত্রণ করতে চায়।”

আরহান চুপ করে শোনে। এই কথাটা তার জীবনের সঙ্গে মিলে যায়।

বের হওয়ার সময় সায়রা বলে, “আগামীকাল আসবেন?”

আরহান থামে। তারপর বলে, “আসব।”

এই ‘আসব’ আগের ‘হয়তো’ না। এখানে সিদ্ধান্ত আছে।

বাইরে এসে সে খেয়াল করে—আকাশে হালকা মেঘ। বাতাসে ঠান্ডা ভাব। সে ধীরে হাঁটে। আজ তার ভেতরে কোনো তাড়া নেই। কিছু জিনিস ধীরে ধীরে বদলাচ্ছে—নরমভাবে, শব্দ ছাড়া। আর এই বদলটাই স্থায়ী হয়।

অধ্যায় ১২: অচেনা স্বস্তি

পার্ট ১: দিন শুরু, অন্যরকম ভাবনা

সকালে ঘুম ভাঙতেই আরহান প্রথমে ছাদের দিকে তাকিয়ে রইল। অনেকদিন পর তার ঘুমটা ভাঙল কোনো দুঃস্বপ্ন ছাড়া। আগে ঘুম ভাঙলেই মাথায় একসাথে অনেক চিন্তা এসে পড়ত—কাজ, হিসাব, সিদ্ধান্ত। আজ চিন্তা আছে, কিন্তু চাপ নেই। সে ধীরে উঠে বসল, জানালার পর্দা সরাল। আলো ঘরে ঢুকল। এই আলোটা সে আগে দেখেছে, কিন্তু খেয়াল করেনি। আজ সে খেয়াল করল—আলো শুধু ঘর আলোকিত করে না, ভেতরেও কিছু ছুঁয়ে যায়।

অফিসে পৌঁছে সে কাজ শুরু করল আগের মতোই, কিন্তু আজ তার দেখার ধরন আলাদা। এক ক্লায়েন্ট নতুন বাড়ির ডিজাইন নিয়ে এসেছে। খুব বড় বাজেট, অনেক চাহিদা। আগে হলে আরহান শুধু চাহিদাগুলোকে সাজিয়ে দিত, আজ সে জিজ্ঞেস করল, “আপনারা এখানে কীভাবে থাকতে চান?” প্রশ্নটা শুনে ক্লায়েন্ট একটু থামল। “মানে?”

আরহান বলল, “বাড়ি শুধু দেখানোর জন্য না, থাকার জন্য। আপনি সকালে কোথায় বসবেন, বিকেলে কোথায় আলো পড়বে—এসব ভেবে ডিজাইন করলে বাড়ি আপনার হয়ে যায়।”

কথাটা শুনে ক্লায়েন্টের মুখ বদলাল। সে প্রথমবার ভাবল—বাড়ি মানে শুধু সাজানো না, থাকা।

আরহান বুঝতে পারল—সে নিজেও বদলাচ্ছে। আগে সে জায়গা বানাত, এখন সে অনুভূতি বানাতে চাইছে।

পার্ট ২: নিজের ভেতরে ফেরা

দুপুরে কাজের ফাঁকে সে নিজের কেবিনে একা বসে ছিল। টেবিলের ওপর সেই ছোট বইটা রাখা। সে বইটা খুলে আবার একটা লাইন পড়ল—“যে মানুষ নিজের ভেতরে শান্ত, সে বাইরের শব্দে ভাঙে না।” সে কিছুক্ষণ সেই লাইনটার দিকে তাকিয়ে রইল। তার মনে হলো—সে কি কখনো নিজের ভেতরে শান্ত ছিল? হয়তো না। সে সবসময় বাইরের জিনিস দিয়ে নিজের ভেতরটা ভরতে চেয়েছে—টাকা, সাফল্য, মানুষ। কিন্তু ভেতরের জায়গাটা খালি থাকলে বাইরে যতই ভরানো হোক, ফাঁকা থেকেই যায়।

সে চেয়ার ছেড়ে উঠে জানালার কাছে গেল। নিচে মানুষ হাঁটছে, গাড়ি চলছে। এই একই দৃশ্য সে প্রতিদিন দেখে, কিন্তু আজ তার মনে হচ্ছে—প্রত্যেকটা মানুষের নিজের গল্প আছে। কেউ সুখী, কেউ না। কিন্তু সবাই হাঁটছে। থেমে থাকলে হয়তো বাঁচা যায় না।

সে ধীরে নিজের কাছে স্বীকার করল—সে ভুল করেছে। শুধু মাহিরার ব্যাপারে না, নিজের জীবনটার দিকেও। কিন্তু এই স্বীকারোক্তিটা তাকে দুর্বল করছে না, বরং হালকা করছে।

পার্ট ৩: নরম সম্পর্কের শুরু

বিকেলে সে আবার সেই গলির দিকে হাঁটল। এই হাঁটা এখন তার অভ্যাস হয়ে যাচ্ছে। দরজায় পৌঁছাতেই সায়রা বাইরে এল। আজ তার হাতে কিছু সবজি, মনে হচ্ছে রান্না করছিল।

"আসসালামু আলাইকুম," সে বলল।

"ওয়ালাইকুম আসসালাম," আরহান উত্তর দিল।

"আপনি ঠিক সময়েই এসেছেন," সায়রা বলল, "আজ রান্না করেছি, খেয়ে যাবেন?"

প্রস্তাবটা খুব স্বাভাবিক। কোনো আয়োজন নেই, কোনো জোর নেই।

আরহান একটু থামল, তারপর বলল, "ঠিক আছে।"

ঘরের ভেতরে বসে সে খেয়াল করল—টেবিলে খুব সাধারণ খাবার। ভাত, ডাল, একটা সবজি, আর ডিম ভাজি। সায়রা বলল, "সাধারণ, কিন্তু চেষ্টা করেছি ভালো করতে।"

আরহান চামচ তুলে বলল, "সাধারণই ভালো।"

সে খেতে শুরু করল। স্বাদটা ঘরোয়া, পরিচিত, তবু নতুন। অনেকদিন পর সে এমনভাবে খাচ্ছে, যেখানে খাবারের সাথে অনুভূতি মেশে।

"কেমন?" সায়রা জিজ্ঞেস করল।

"ভালো," আরহান বলল।

"সত্যি?"

"হ্যাঁ," সে এবার একটু হাসল।

এই হাসিটা ছোট, কিন্তু ভেতর থেকে এসেছে।

খাওয়া শেষে তারা কিছুক্ষণ চুপ করে বসে থাকল।

সায়রা বলল, "আপনি এখন আগের মতো মনে হচ্ছেন না।"

"কেমন?"

"আগে মনে হতো আপনি অনেক দূরে থাকেন, এখন মনে হচ্ছে কাছে।"

কথাটা শুনে আরহান কিছু বলল না। কিন্তু তার ভেতরে কোথাও একটা নরম জায়গা তৈরি হলো।

বাড়ি থেকে বের হওয়ার সময় সে বুঝল—আজকের দিনটা অন্যরকম।

কিছু বড় কিছু হয়নি, তবু অনেক কিছু বদলেছে।

হয়তো জীবন এভাবেই বদলায়—

ধীরে ধীরে,

শব্দ ছাড়া,

একটু একটু করে।

অধ্যায় ১৩: নরম আলোর ভেতর

পার্ট ১: কাজের বাইরে আরেকটা কাজ

সকালে অফিসে ঢুকে আরহান প্রথমেই নিজের কেবিনে যায়নি। সে সরাসরি ডিজাইন টিমের কাছে গিয়ে দাঁড়াল। নতুন একটা প্রজেক্ট নিয়ে আলোচনা হচ্ছে—ছোট বাজেট, কিন্তু জায়গাটা খোলা। একজন বলল, "স্যার, ক্লায়েন্ট লাক্সারি চাইছে, কিন্তু বাজেট কম।" আরহান কাগজটা দেখে বলল, "লাক্সারি মানে শুধু দামি জিনিস না, আরাম। আলো, বাতাস, জায়গা—এই তিনটা ঠিক করো, বাকিটা নিজে থেকেই সুন্দর হবে।" সবাই চুপ করে শুনল। সে এবার বোর্ডে একটা স্কেচ করে দেখাল—জানালার দিক বদল, বসার জায়গা সরানো, বারান্দা খোলা রাখা। খুব ছোট পরিবর্তন, কিন্তু ভাবনা আলাদা। কাজ শেষ করে সে বলল, "ঘর এমন বানাও, যেখানে মানুষ থাকতে চাইবে, শুধু দেখাতে না।" কথাটা তার নিজের কাছেই নতুন শোনায়, কিন্তু ঠিক লাগে।

মিটিংয়ে গিয়ে সে আগের মতো তাড়াহুড়া করে না। ক্লায়েন্ট যখন রঙ , ফিনিশ, ব্র্যান্ড নিয়ে কথা বলে, সে মাঝে একটা প্রশ্ন রাখে, “আপনারা এখানে সন্ধ্যায় কী করবেন?” লোকটা বলে, “বসবো।” “তাহলে বসার জায়গাটা আগে ঠিক করি,” আরহান বলে। সিদ্ধান্ত বদলায়। সে বুঝতে পারে—সঠিক জায়গায় সঠিক প্রশ্ন দিলে কাজ সহজ হয়।

পার্ট ২: ভেতরের অভ্যাস বদলানো

দুপুরে সে আবার ক্যান্টিনে বসে। আজ পাশে বসা লোকটার সাথে সে নিজেই কথা শুরু করে, “বাচ্চার জ্বর কেমন?” লোকটা অবাক হয়ে তাকায়, “কমেছে স্যার।” আরহান মাথা নাড়ে, “ভালো।” কথাটা খুব ছোট, কিন্তু তার নিজের ভেতরে একটা নরম অনুভূতি তৈরি করে। সে খাওয়া শেষ করে কেবিনে ফিরে বইটা খুলে। আজকের লাইন—“যা বদলাতে পারো, সেটা বদলাও; যা পারো না, সেটা মেনে নাও; আর দুটো আলাদা করতে শিখো।” সে লাইনটা ধীরে পড়ে। এই তিনটা কাজ—বদলানো, মানা, আলাদা করা—এগুলোই তো সবচেয়ে কঠিন।

জানালার পাশে দাঁড়িয়ে সে ভাবে—মাহিরার ব্যাপারটা সে বদলাতে পারবে না, সেটা শেষ। কিন্তু নিজের আচরণ, নিজের দৃষ্টিভঙ্গি—এগুলো সে বদলাতে পারে। এই বোঝাটা তাকে ভারী করে না, বরং পরিষ্কার করে।

পার্ট ৩: কথার আড়ালে যত্ন

বিকেলে সে আবার সেই গলিতে যায়। দরজার সামনে দাঁড়াতেই ভেতর থেকে সায়রা বলে ওঠে, “এসেছেন?” কণ্ঠে একটুখানি হাসি। সে ভেতরে ঢোকে। আজ ঘরে হালকা হলুদের গন্ধ—সম্ভবত নতুন রান্না। সায়রা বলে, “আজ চা একটু দেরি হবে, রান্না শেষ করছি।”

আরহান বলে, “সময় নাও।”

সে বসে চারপাশ দেখে—দেয়ালে ছোট একটা ফ্রেমে লেখা আয়াত, পাশে ঘড়ি, টেবিলে বই। সবকিছু গুছানো, কিন্তু কোথাও সাজানো দেখানোর চেষ্টা নেই। এই সরলতার ভেতরেই আরাম আছে।

সায়রা এসে বসে। “আজ কাজ কেমন?”

“ভালো,” আরহান বলে।

“আপনি কি এখন কাজটা অন্যভাবে দেখেন?”

প্রশ্নটা শুনে সে একটু হাসে, “হ্যাঁ, একটু।”

“কেমন?”

“আগে শুধু শেষটা দেখতাম, এখন মাঝের পথটাও দেখি।”

সায়রা মাথা নাড়ে। “মাঝের পথটাই আসল। শেষটা তো একদিন শেষ হয়।” কথাটা সরল, কিন্তু গভীর।

কিছুক্ষণ চুপ। তারপর সায়রা জিজ্ঞেস করে, “আপনি কি রাগ করেন এখনো?”

আরহান ভেবে বলে, “কম।”

"কেন?"

"কারণ বুঝতে পারছি, রাগে কিছু ঠিক হয় না।"

সায়রা হেসে বলে, "ঠিক। রাগ আগুনের মতো—আগে নিজের হাত পুড়ায়।"

চা আসে। দু'জন ধীরে ধীরে চুমুক দেয়। বাইরে সন্ধ্যা নামছে। আলো বদলাচ্ছে। এই সময়টায় সবকিছু নরম লাগে।

আরহান বলে, "তুমি কখনো ক্লান্ত হও না?"

"হই," সায়রা বলে, "তখন থামি।"

"সবসময় থামা যায়?"

"না, কিন্তু থামার জায়গা রাখা যায়।"

এই কথাটা আরহানের মনে থাকে। থামার জায়গা—সে কি কখনো রেখেছিল?

বের হওয়ার সময় সায়রা বলে, "আগামীকাল আসবেন?"

আরহান বলে, "আসব।" এবার তার কণ্ঠে দ্বিধা নেই।

গলি থেকে বেরিয়ে সে আকাশের দিকে তাকায়। সন্ধ্যার নরম আলো। সে বুঝতে পারে—বড় কিছু বদলাচ্ছে না, তবু ভেতরের দিকটা ধীরে ধীরে ঠিক হচ্ছে।

জীবন হয়তো এমনই—একদিনে না, প্রতিদিন একটু করে।

অধ্যায় ১৪: ভেতরের সাহস

পার্ট ১: পুরোনো জায়গায় নতুন চোখ

সকালে অফিসে যাওয়ার আগে আরহান হঠাৎ ঠিক করল—আজ সে পুরোনো বাড়িটায় যাবে। অনেকদিন সে ইচ্ছে করেও যায়নি। কারণ জায়গাটা শুধু ইট-পাথরের না , স্মৃতিরও। তবু আজ সে গেল। গেটের সামনে দাঁড়িয়ে কিছুক্ষণ তাকিয়ে রইল। এই গেট দিয়ে সে কতবার ঢুকেছে—গর্ব নিয়ে, তাড়াহুড়ো নিয়ে, কখনো রাগ নিয়ে। আজ সে ঢুকল শান্তভাবে।

ভেতরে ঢুকেই সে বুঝল—সবকিছু আগের মতোই আছে, তবু কিছু বদলে গেছে। সোফা, টেবিল, দেয়াল—সব ঠিক জায়গায়। কিন্তু এই জায়গাগুলো এখন আর তার না। ঘরটা সুন্দর , নিখুঁত, কিন্তু উষ্ণতা নেই। সে ধীরে ধীরে হাঁটতে হাঁটতে নিজের পুরোনো রুমে গেল। দরজা খুলে ভেতরে ঢুকল। বিছানা গুছানো, টেবিল পরিষ্কার। সবকিছু ঠিক, তবু কোথাও কিছু নেই।

সে জানালার সামনে দাঁড়াল। বাইরে তাকাল। এই জানালা দিয়ে সে কতবার ভবিষ্যৎ ভেবেছে। আজ সে শুধু বর্তমান দেখে। তার মাথায় একটা কথা এল—"সবকিছু থাকা মানে সব পাওয়া না।"

সে বেশি সময় থাকল না। ঘুরে বেরিয়ে এল। বের হওয়ার সময় একবারও পেছনে তাকাল না। কারণ এবার সে নিশ্চিত—এটা তার জায়গা না।

পার্ট ২: মুখোমুখি, কিন্তু শান্তভাবে

গেটের কাছে পৌঁছাতেই মাহিরা সামনে এসে দাঁড়াল। সে সম্ভবত ভেতরেই ছিল। কিছুক্ষণ দু'জনেই চুপ। এই নীরবতা অস্বস্তিকর না, বরং শেষের মতো।

মাহিরা বলল, "তুমি এসেছিলে?"

"হ্যাঁ," আরহান বলল।

"কিছু নিতে?"

"না। শুধু দেখতে।"

কথাগুলো ছোট, কিন্তু স্পষ্ট।

মাহিরা কিছুক্ষণ চুপ করে থাকল। তারপর বলল, "আমি ভুল করেছি।"

আরহান সরাসরি উত্তর দিল না। শুধু বলল, "হয়েছে।"

"তুমি কি··· আমাকে ঘৃণা করো?"

এই প্রশ্নে সে একটু থামল। তারপর বলল, "না। ঘৃণা করতে শক্তি লাগে। আমার সেই শক্তি নেই।"

কথাটা কঠিন না, কিন্তু শেষ।

মাহিরা চোখ নামিয়ে নিল। “তুমি কি ভালো আছো?”

আরহান বলল, “হতে শিখছি।”

এই উত্তরটা নতুন। সে আগে কখনো এমনভাবে বলেনি।

কিছুক্ষণ চুপ থাকার পর সে বলল, “ভালো থেকো।”

তারপর ঘুরে হাঁটা শুরু করল।

এইবার সে জানে—এই সম্পর্কটা শেষ। কোনো নাটক নেই, কোনো বড় শব্দ নেই। শুধু শেষ।

পার্ট ৩: নিজের কাছে ফিরে আসা

বাড়ি থেকে বেরিয়ে আসার পর তার ভেতরে কোনো ভার লাগল না। বরং হালকা। সে বুঝতে পারল—যে জিনিসটা এতদিন তাকে ধরে রেখেছিল, সেটা আসলে তার নিজেরই ধরে রাখা। ছেড়ে দিলে জিনিসগুলো নিজে থেকেই দূরে সরে যায়।

সে সরাসরি সেই গলির দিকে গেল না। মাঝখানে একটা পার্কে ঢুকল। বেঞ্চে বসে রইল। চারপাশে মানুষ—কেউ হাঁটছে, কেউ গল্প করছে, কেউ একা বসে। এই সাধারণ দৃশ্যগুলোতে এখন তার অদ্ভুত শান্তি লাগে।

সে নিজের কাছে একটা প্রশ্ন করল—"আমি এখন কী চাই?"

উত্তর এল না।

কিন্তু এবার সে তাড়াহুড়া করল না। সে জানে—সব উত্তর একদিনে আসে না।

কিছুক্ষণ পরে সে উঠে দাঁড়াল। এবার সে গলির দিকে হাঁটল। দরজায় পৌঁছাতেই সায়রা বাইরে এল।

"আপনি একটু দেরি করেছেন," সে বলল।

"হ্যাঁ," আরহান বলল, "একটা জায়গায় গিয়েছিলাম।"

"কেমন লাগল?"

আরহান একটু ভেবে বলল, "শেষটা দেখে এলাম।"

সায়রা মাথা নাড়ল। "শেষ না দেখলে নতুন শুরু হয় না।"

এই কথাটা শুনে আরহান হালকা হাসল।

এই হাসিটা এবার একটু বড়।

সে ভেতরে ঢুকল। ঘরের ভেতর আলো জ্বলছে, গন্ধ আছে, উষ্ণতা আছে।

সে বুঝতে পারল—ঘর কাকে বলে।

বাইরে সন্ধ্যা নামছে।

ভেতরে তার জীবনে একটা নতুন জায়গা তৈরি হচ্ছে।

আর এই জায়গাটা

সে এবার হারাতে চায় না।

 অধ্যায় ১৫: ধীরে গড়ে ওঠা সম্পর্ক

পার্ট ১: নতুন অভ্যাসের ভেতর স্থিরতা

দিনগুলো এখন এক ধরনের ছন্দে বাঁধা পড়ছে। সকাল অফিস, দুপুরে কাজের ফাঁকে নিজের সাথে একটু সময়, আর বিকেলের দিকে সেই গলির পথ। আরহান বুঝতে পারছে—এই নিয়মটা তাকে বেঁধে ফেলছে না, বরং স্থির করছে। আগে তার প্রতিটা দিন ছিল দৌড়ের মতো, এখন দিনগুলো হাঁটার মতো। ধীরে, কিন্তু সচেতন।

অফিসে সে আগের চেয়ে কম কথা বলে, কিন্তু যা বলে সেটা ভেবে বলে। একদিন এক ডিজাইনার একটা খুব দামি ইন্টেরিয়রের প্ল্যান দেখাল। সবকিছু নিখুঁত, তবু কোথাও যেন ঠান্ডা। আরহান বলল, "এখানে মানুষ কোথায়?"

ডিজাইনার একটু অবাক, "মানে?"

"সবকিছু আছে, কিন্তু কেউ থাকছে না মনে হচ্ছে," আরহান বলল। "একটু অগোছালো রাখো, একটু ব্যবহার যোগ করো। ঘরটা বাঁচুক।"

এই কথাটা তার নিজের জীবনেও প্রযোজ্য—সব ঠিক থাকলেও যদি প্রাণ না থাকে, তাহলে কিছুই থাকে না।

পার্ট ২: অজান্তে কাছে আসা

বিকেলে সে আবার সায়রাদের বাড়িতে গেল। আজ দরজায় দাঁড়াতেই ভেতর থেকে হাসির শব্দ আসছে। মোলবি সাহেব কিছু বলছেন, সায়রা হেসে উঠছে। এই হাসিটা খুব স্বাভাবিক, খুব হালকা। আরহান দরজায় দাঁড়িয়ে কিছুক্ষণ শুনল, তারপর ভেতরে ঢুকল।

"আসসালামু আলাইকুম," সে বলল।

"ওয়ালাইকুম আসসালাম," দু'জনেই উত্তর দিল।

সায়রা বলল, "আজ আপনি একটু আগে এসেছেন।"

"হয়তো," আরহান বলল।

সে বসে। আজ টেবিলে কিছু কাগজ ছড়ানো—সম্ভবত সায়রা কিছু লিখছিল।

“কি লিখছো?” আরহান জিজ্ঞেস করল।

“কিছু না, ডায়েরি,” সায়রা বলল।

“কেন লেখো?”

“মনে যা থাকে, সেটা রাখতে,” সে সহজভাবে বলল।

কথাটা শুনে আরহান থামল। সে কখনো নিজের কথা লিখে রাখেনি। সবকিছু মাথার ভেতরে জমিয়েছে, আর সেই জমাট জিনিসগুলোই তাকে ভারী করেছে।

“সব লিখে ফেললে কি হালকা লাগে?”

“হয়,” সায়রা বলল, “কারণ তখন সেটা শুধু তোমার ভেতরে থাকে না।”

এই কথাটা আরহানের ভেতরে কোথাও গিয়ে বসে।

পার্ট ৩: একসাথে হাঁটার শুরু

সন্ধ্যার দিকে মোলবি সাহেব বললেন, “চলো, একটু হাঁটা যাক।” তিনজনই বের হলো। গলির ভেতর দিয়ে হাঁটতে হাঁটতে বাতাসে একটা ঠান্ডা ভাব। আশেপাশে মানুষজন, দোকান, আলো—সবকিছু খুব সাধারণ, তবু সুন্দর।

সায়রা পাশে হাঁটছে।

“আপনি কি সবসময় এত চুপ থাকেন?” সে জিজ্ঞেস করল।

আরহান একটু হাসল, “আগে না। এখন··· হয়তো।”

“চুপ থাকা খারাপ না,” সায়রা বলল, “যদি ভেতরে শব্দ কমে যায়।”

কথাটা শুনে আরহান বুঝল—তার ভেতরের শব্দ সত্যিই কমেছে। পুরো না, কিন্তু আগের মতো তীব্র না।

হাঁটতে হাঁটতে তারা একটা পুকুরের ধারে থামল। পানিতে আলো পড়ছে, হালকা ঢেউ। এই দৃশ্যটা খুব সাধারণ, কিন্তু কোথাও গিয়ে মন ছুঁয়ে যায়।

“আপনি কি কখনো এভাবে বসে থেকেছেন?” সায়রা জিজ্ঞেস করল।

“না,” আরহান বলল, “সময় ছিল না।”

“সময় ছিল, আপনি দেননি,” সায়রা বলল।

এই কথাটা শুনে সে চুপ হয়ে গেল। সত্যি কথা সবসময় বড় হয় না, কিন্তু সঠিক হয়।

তারা কিছুক্ষণ চুপ করে বসে থাকল।

এই চুপটা আর আগের মতো না—এতে অস্বস্তি নেই, শান্তি আছে।

ফিরে আসার সময় সায়রা বলল, “আপনি বদলাচ্ছেন।”

আরহান বলল, “হয়তো।”

“ভালো,” সে হেসে বলল।

বাড়ির সামনে এসে থামল তারা।

“কাল আসবেন?”

“আসব,” আরহান বলল।

এই ‘আসব’ এখন অভ্যাস হয়ে গেছে।

কিন্তু এই অভ্যাসের ভেতরেই একটা নতুন সম্পর্ক ধীরে ধীরে গড়ে উঠছে—

কোনো তাড়াহুড়া নেই,

কোনো বড় কথা নেই,

তবু গভীর।

আরহান বাড়ি ফেরার পথে বুঝতে পারল—

ভালোবাসা সবসময় হঠাৎ আসে না,

কখনো কখনো

এভাবে ধীরে ধীরে তৈরি হয়।

অধ্যায় ১৬: বৃষ্টির নরম দিন

পার্ট ১: হঠাৎ থেমে যাওয়া বিকেল

সেদিন বিকেলে আকাশটা অদ্ভুতভাবে বদলে গেল। দুপুর পর্যন্ত রোদ ছিল, তারপর হঠাৎ করে মেঘ জমল। অফিসের জানালার কাঁচে প্রথম বৃষ্টির ফোঁটা পড়তেই আরহান কাজ থামিয়ে তাকিয়ে রইল। এই দৃশ্য সে আগে হাজারবার দেখেছে, কিন্তু আজ তার মনে হলো—বৃষ্টি শুধু ভেজায় না, থামায়ও। সে ল্যাপটপ বন্ধ করল। সহকারী কিছু বলতে যাচ্ছিল, সে হাত তুলে থামাল, "বাকি কাজ কাল।" কথাটা বলার ভেতর কোনো তাড়াহুড়া নেই। যেন সে নিজেকেই সময় দিচ্ছে।

গাড়িতে উঠেও সে সোজা যায় না। মাঝপথে নেমে হাঁটা শুরু করে। বৃষ্টি তখন ঝিরঝির। রাস্তায় লোকজন ছাতা খুলেছে, কেউ দৌড়াচ্ছে, কেউ থেমে গেছে। আরহান ছাতা খুলল না। ফোঁটাগুলো কাঁধে, চুলে পড়তে দিল। ঠান্ডা লাগছে, তবু ভালো। অনেকদিন পর সে নিজেকে এমনভাবে অনুভব করছে—কোনো প্রমাণ ছাড়াই, শুধু থাকার জন্য।

পার্ট ২: ভেজা উঠোনে হাসি

গলিতে ঢুকতেই সে দেখল—সায়রা উঠোনে দাঁড়িয়ে। বৃষ্টি নামতেই সে বাইরে বেরিয়েছে। মাথায় ওড়না আছে, তবু ভিজে যাচ্ছে। হাত বাড়িয়ে ফোঁটা ধরছে, যেন ছোট কোনো আনন্দ। আরহান দরজার কাছে দাঁড়িয়ে দেখল। এই দৃশ্যটা খুব সাধারণ, তবু অদ্ভুতভাবে সুন্দর।

"আপনি ভিজছেন কেন?" সায়রা তাকে দেখে বলল।

"তুমিও তো," আরহান উত্তর দিল।

"আমি মাঝে মাঝে করি," সায়রা হেসে বলল, "মনে থাকে।"

আরহান কিছু বলল না। তার মনে হলো—এই মেয়েটা ছোট ছোট জিনিস মনে রাখে, আর সে এতদিন বড় বড় জিনিসের পেছনে ছুটে ছোটগুলো হারিয়েছে।

"আপনি কখনো এভাবে ভিজেছেন?"

“মনে নেই,” আরহান বলল।

“তাহলে আজ ভিজুন,” সায়রা বলল।

কথাটা খুব স্বাভাবিক। কোনো জোর নেই, তবু আমন্ত্রণ আছে।

আরহান এক পা এগিয়ে এল। বৃষ্টিটা এবার একটু জোরে নামছে। দু’জনই উঠোনে দাঁড়িয়ে। মাটিতে কাদা, পানির ছোট ঢেউ। হঠাৎ সায়রা হেসে বলল, “সাবধানে, পা পিছলে যাবে।”

আরহান বলল, “আমি সামলে নেব।”

“সবকিছু?”

প্রশ্নটা হালকা, কিন্তু ভেতরে অন্য মানে আছে।

আরহান উত্তর দিল না। শুধু হাসল।

কিছুক্ষণ পর সায়রা পা দিয়ে হালকা পানি ছিটিয়ে দিল। আরহানের প্যান্টে ছিটা পড়ল।

“এইটা ঠিক না,” সে বলল।

“বৃষ্টিতে নিয়ম থাকে না,” সায়রা বলল।

এই এক লাইনে পুরো দৃশ্য বদলে গেল।

আরহানও হাত দিয়ে পানি তুলে ছিটাল। দু'জনের মাঝে ছোট একটা খেলা শুরু হলো—কোনো উদ্দেশ্য নেই, শুধু মুহূর্ত।

এই মুহূর্তটাই অদ্ভুত।

কারণ এখানে কোনো অতীত নেই, কোনো হিসাব নেই।

শুধু এখন।

পার্ট ৩: নীরবতার ভেতর নতুন অনুভূতি

বৃষ্টি একটু থামলে তারা বারান্দায় এসে দাঁড়াল। দু'জনই ভেজা। সায়রা একটা তোয়ালে এনে দিল।

"ঠান্ডা লাগবে," সে বলল।

আরহান তোয়ালে নিল। "তুমি?"

"আমি অভ্যস্ত," সায়রা বলল।

এই ছোট যত্নটা আরহানের কাছে নতুন না, কিন্তু আলাদা। এখানে কোনো অভিনয় নেই, কোনো উদ্দেশ্য নেই।

চা এলো। গরম ধোঁয়া উঠছে। বৃষ্টির পরের গন্ধের সাথে মিশে একটা নরম পরিবেশ তৈরি হলো।

কিছুক্ষণ দু'জনেই চুপ।

এই চুপটা ভাঙতে হয় না।

"আপনার কি কখনো মনে হয়," সায়রা ধীরে বলল, "জীবনটা আবার শুরু হতে পারে?"

আরহান তাকাল।

"আগে মনে হতো না," সে বলল, "এখন হয়।"

"তাহলে শুরু করুন," সায়রা বলল।

কথাটা সহজ, কিন্তু ভেতরে সাহস আছে।

আরহান চুপ করে থাকল। তার ভেতরে একটা অনুভূতি জন্ম নিচ্ছে—নতুন, নরম, অচেনা। এটা ভালোবাসা কিনা সে জানে না। কিন্তু এটা নিশ্চয়ই সেই শূন্যতা না , যেটা সে এতদিন বয়ে বেড়িয়েছে।

বৃষ্টি আবার হালকা পড়তে শুরু করেছে।

আকাশ ধূসর, আলো নরম।

আরহান বুঝতে পারল—

কিছু সম্পর্ক খুব বড় শব্দে শুরু হয় না,

কিছু শুরু হয় এভাবেই—

একটা ভেজা বিকেল,

একটা ছোট হাসি,

আর কিছু না বলা কথা দিয়ে।

সে চা শেষ করে ধীরে বলল, "আমি কালও আসব।"

সায়রা হেসে বলল, "জানি।"

এই 'জানি' শব্দটার ভেতরে অদ্ভুত এক নিশ্চয়তা আছে।

আরহান বাড়ি ফেরার পথে বুঝল—

আজকের বৃষ্টিটা শুধু তাকে ভেজায়নি,

তার ভেতরের কিছু শুকনো জায়গাকেও

নরম করে দিয়েছে।

অধ্যায় ১৭: নরম আলো, ধীরে ধীরে

পার্ট ১: একসাথে শুরু হওয়া সকাল

পরদিন সকালটা অদ্ভুতভাবে হালকা লাগে। ঘুম ভাঙার পর আরহান কিছুক্ষণ বিছানায় শুয়ে থাকে—কোনো তাড়া নেই, কোনো ভার নেই। জানালার পর্দা সরাতেই নরম আলো ঘরে ঢোকে। গতকালের বৃষ্টির পর আকাশ পরিষ্কার, বাতাসে একটা ঠান্ডা ভাব। সে ধীরে উঠে বসে, তারপর অকারণে হাসে। অনেকদিন পর তার নিজের হাসিটা তার কাছে অচেনা লাগে না।

অফিসে গিয়ে সে কাজ শুরু করে, কিন্তু আজ কাজ তাকে ক্লান্ত করছে না। বরং মাঝেমধ্যে সে থেমে যাচ্ছে, সহকর্মীদের সাথে কথা বলছে, তাদের কাজ দেখছে। একজন

নতুন ছেলে একটা ডিজাইন দেখাচ্ছিল—ভালো, কিন্তু কোথাও যেন প্রাণ নেই। আরহান বলল, "এখানে একটা জানালা রাখো, আলো ঢুকুক। আলো থাকলে ঘর নিজে থেকেই বাঁচে।"

ছেলেটা মাথা নাড়ল।

আরহান বুঝল—সে এখন শুধু কাজ করছে না, শেখাচ্ছেও। আর এই শেখানোর ভেতরেই একটা অদ্ভুত তৃপ্তি আছে।

দুপুরের দিকে সে খেয়াল করল—আজ সে ফোনে তাকাচ্ছে না বারবার। আগে প্রতিটা মিনিটে কিছু না কিছু চেক করত। এখন সময়টা তার নিজের। এই পরিবর্তনটা খুব ছোট, তবু বড়।

পার্ট ২: কথার ভেতর অচেনা উষ্ণতা

বিকেলে সে আবার সেই গলির দিকে হাঁটল। আজ হাঁটার ভেতরে একটা অপেক্ষা আছে—কিন্তু সেই অপেক্ষা অস্থির না, নরম। দরজার সামনে পৌঁছাতেই সায়রা পর্দা সরিয়ে তাকাল।

"আজও ভিজবেন?" সে হেসে বলল।

আরহান বলল, "আজ বৃষ্টি নেই।"

"তাহলে অন্য কিছু করবেন," সায়রা উত্তর দিল।

সে ভেতরে ঢুকল। আজ ঘরে হালকা একটা গন্ধ—মনে হয় নতুন করে কিছু রান্না হয়েছে।

“কি রান্না?” আরহান জিজ্ঞেস করল।

“খিচুড়ি,” সায়রা বলল, “বৃষ্টির পর ভালো লাগে।”

কথাটা শুনে আরহানের মনে হলো—এই মেয়েটা ঋতুর সাথে, সময়ের সাথে বাঁচে। সে শুধু দিন পার করে না, দিনটা অনুভব করে।

তারা বসে। কথা শুরু হয় খুব সাধারণভাবে।

“আপনি কি ছোটবেলায় বৃষ্টিতে খেলেছেন?”

প্রশ্নটা হঠাৎ।

আরহান একটু ভেবে বলল, “মনে পড়ে না।”

“আমার মনে আছে,” সায়রা বলল, “আমি ভিজতাম, তারপর আম্মা বকতেন।”

সে হালকা হেসে যোগ করল, “তবু আবার ভিজতাম।”

এই ছোট গল্পের ভেতরেই একটা উষ্ণতা আছে।

আরহান বুঝতে পারে—স্মৃতি শুধু বড় ঘটনার না, ছোট মুহূর্তেরও।

“আপনার কি কোনো ভালো স্মৃতি আছে?”

প্রশ্নটা এবার তার দিকে।

আরহান থামল। মাথায় অনেক কিছু এলো—কাজ, সাফল্য, টাকা। কিন্তু কোনোটা 'ভালো' মনে হলো না।

সে ধীরে বলল, "খুঁজছি।"

সায়রা কিছু বলল না। শুধু মাথা নাড়ল।

এই না-বলাটাও একটা বোঝা।

পার্ট ৩: অজান্তে জন্ম নেওয়া অনুভূতি

খাওয়ার সময় তারা খুব বেশি কথা বলে না। এই নীরবতার ভেতরেই একটা আরাম আছে। খিচুড়ির গরম ভাপ, ডালের গন্ধ, বাইরে হালকা বাতাস—সব মিলিয়ে একটা ঘরোয়া অনুভূতি তৈরি হয়। আরহান খেয়াল করে—সে এখানে বসে সময় ভুলে যাচ্ছে। এই ভুলে যাওয়াটা ভালো লাগে।

খাওয়া শেষে তারা বারান্দায় এসে দাঁড়ায়। আকাশে হালকা মেঘ, সূর্যের আলো নরম হয়ে এসেছে।

সায়রা হঠাৎ বলল, "আপনি আগে খুব একা ছিলেন, তাই না?"

প্রশ্নটা সরাসরি।

আরহান কিছুক্ষণ চুপ করে থেকে বলল, "হ্যাঁ।"

"এখন?"

সে তাকাল, তারপর ধীরে বলল, "এখন··· কম।"

এই 'কম' শব্দটার ভেতরে অনেক কিছু আছে।

সায়রা হালকা হাসল। "ভালো।"

কিছুক্ষণ দু'জনেই চুপ।

এই চুপটা আর আগের মতো না—এতে কথা না থাকলেও বোঝা আছে।

হঠাৎ বাতাস একটু জোরে বয়ে গেল। সায়রার ওড়না উড়ে উঠল। সে সেটাকে ঠিক করল। এই ছোট দৃশ্যটাও অদ্ভুতভাবে সুন্দর লাগে।

আরহান চোখ সরিয়ে নেয় না।

তার ভেতরে একটা অনুভূতি ধীরে ধীরে পরিষ্কার হচ্ছে। এটা হঠাৎ না, ধীরে।

কোনো ঘোষণা নেই, কোনো বড় শব্দ নেই।

তবু সে বুঝতে পারছে—

সে আর শুধু আসছে না,

সে অপেক্ষা করছে।

বাড়ি থেকে বের হওয়ার সময় সে বলল, “আমি কালও আসব।”

সায়রা বলল, “আপনি না এলে মনে হয় কিছু কম থাকে।”

কথাটা খুব সাধারণভাবে বলা।

তবু কোথাও গিয়ে লাগে।

আরহান হাঁটতে হাঁটতে বুঝল—

ভালোবাসা কখনো হঠাৎ ঝড়ের মতো আসে না,

কখনো কখনো

এভাবে নরম বাতাসের মতো আসে—

ধীরে,

অচেনা ভাবে,

কিন্তু একসময় পুরোটা ভরে দেয়।

অধ্যায় ১৮: আলোর ভেতর নামহীন টান

পার্ট ১: দিনের ভিড়ে একটি নীরব ভাবনা

সকালে অফিসে ঢুকেই আরহান বুঝল—আজকের দিনটা অন্যরকম হবে। কোনো বিশেষ কারণ নেই, তবু ভেতরে একটা নরম প্রত্যাশা কাজ করছে। সে কেবিনে বসে ফাইল খুলল, কিন্তু কাজ শুরু করার আগে জানালার বাইরে একটু তাকিয়ে রইল। রাস্তায় মানুষ যাচ্ছে, কেউ তাড়াহুড়ো করছে, কেউ ধীরে হাঁটছে। এই দৃশ্যের ভেতরেই তার মনে হলো—প্রত্যেকটা মানুষ কোথাও না কোথাও যাচ্ছে, কিন্তু খুব কম মানুষ জানে কেন যাচ্ছে।

সে নিজের কাছে প্রশ্ন করল—"আমি এখন কোথায় যাচ্ছি?"

উত্তর এল না, কিন্তু একটা অনুভূতি এল—সে আর দৌড়াচ্ছে না, সে হাঁটছে।

মিটিংয়ে বসে সে খেয়াল করল—আজ সে বেশি কথা বলছে না, বেশি শুনছে। একজন ক্লায়েন্ট বলছিল, "আমরা এমন একটা ঘর চাই, যেখানে ঢুকলেই ভালো লাগে।"

আরহান বলল, "ভালো লাগা জিনিসে আসে না, অনুভূতিতে আসে। আপনি যদি এখানে সময় দিতে চান, তাহলে ঘরটা নিজে থেকেই ভালো লাগবে।"

কথাটা বলার পর সে নিজেই থামল।

সে বুঝতে পারল—সে শুধু অন্যদের না, নিজেকেও বুঝাচ্ছে।

পার্ট ২: অপেক্ষার ভেতর মৃদু অস্থিরতা

বিকেলের দিকে কাজ শেষ হতে না হতেই সে ঘড়ির দিকে তাকাল। সময়টা একটু ধীরে যাচ্ছে বলে মনে হলো। আগে সে সময়কে তাড়া দিত, আজ সময় তাকে তাড়া দিচ্ছে না—তবু সে অপেক্ষা করছে। এই অপেক্ষাটা নতুন। এতে কোনো চাপ নেই, তবু একটা টান আছে।

গলির দিকে হাঁটতে হাঁটতে সে খেয়াল করল—আজ তার হাঁটা একটু দ্রুত। সে নিজেই বুঝল, সে আগে পৌঁছাতে চাইছে।

দরজার সামনে এসে দাঁড়াতেই সে থামল। ভেতর থেকে কোনো শব্দ আসছে না। সে হালকা নক করল।

পর্দা সরিয়ে সায়রা বের হলো।

“আজ আপনি আগে,” সে বলল।

আরহান হালকা হাসল, “হয়তো।”

সে ভেতরে ঢুকল। আজ ঘরে একটু কম আলো। জানালার পাশে বসে সায়রা কিছু পড়ছিল।

“কি পড়ছো?”

“একটা গল্প,” সায়রা বলল।

“কেমন?”

“সাধারণ,” সে উত্তর দিল, “তবু ভালো।”

এই ‘সাধারণ, তবু ভালো’ কথাটা আরহানের মনে রয়ে গেল।

পার্ট ৩: না বলা কথার ভেতর অনুভূতি

কিছুক্ষণ তারা চুপ করে বসে রইল। এই চুপটা এখন আর অচেনা না।

সায়রা বইটা বন্ধ করে বলল, “আপনি কি কখনো ভেবেছেন, কেন কিছু মানুষকে দেখলেই ভালো লাগে?”

প্রশ্নটা হঠাৎ।

আরহান তাকাল, “জানি না।”

“আমিও না,” সায়রা বলল, “তবু হয়।”

কথাটা খুব সহজভাবে বলা, কিন্তু কোথাও গিয়ে গভীর।

আরহান বুঝতে পারল—সে এই প্রশ্নের উত্তর খুঁজতে চায় না। কারণ উত্তর পেলে হয়তো অনুভূতিটা ছোট হয়ে যাবে।

বাইরে সন্ধ্যা নেমেছে। আলো কমে গেছে।

সায়রা বলল, “আজ আকাশটা সুন্দর।”

আরহান বাইরে তাকাল। মেঘের ফাঁক দিয়ে হালকা আলো।

“হ্যাঁ,” সে বলল।

এই ‘হ্যাঁ’-এর ভেতরে শুধু আকাশ না, আরও কিছু আছে।

হঠাৎ সায়রা বলল, “আপনি আগে এত চুপ ছিলেন না, তাই না?”

আরহান বলল, “আমি আগে নিজেকে শুনতাম না।”

“এখন?”

“এখন শুনছি।”

কথাটা বলার পর দু’জনেই চুপ।

এই চুপের ভেতরেই একটা অদ্ভুত স্বস্তি।

সময় কেটে যায়। কেউ খেয়াল করে না।

বের হওয়ার সময় আরহান একটু থামে।

"আমি কাল আসব," সে বলে।

সায়রা হালকা মাথা নাড়ে, "জানি।"

এই 'জানি' শব্দটা আবারও তার ভেতরে একটা স্থিরতা এনে দেয়।

গলি থেকে বের হয়ে সে আকাশের দিকে তাকায়।

আজ আকাশে খুব বেশি কিছু নেই—তবু সুন্দর।

সে বুঝতে পারে—

সবকিছু জটিল না,

কিছু জিনিস শুধু অনুভব করার জন্য।

আর সেই অনুভূতির ভেতরেই

ধীরে ধীরে একটা নামহীন ভালোবাসা জন্ম নিচ্ছে।

অধ্যায় ১৯: নাম না জানা টান

পার্ট ১: কাজের ভেতরও অন্য এক ভাবনা

সকালটা শুরু হয় আগের মতোই, কিন্তু আরহানের ভেতরে আজ একটা আলাদা নরমতা আছে। অফিসে ঢুকে সে কাজ শুরু করে—ফাইল, মিটিং, ডিজাইন—সব ঠিকঠাক। তবু মাঝেমধ্যে তার মন অন্য কোথাও চলে যাচ্ছে। সে বুঝতে পারে, এই 'অন্য কোথাও'টা এখন একটা জায়গা পেয়েছে—একটা ছোট ঘর, একটা নরম কণ্ঠ, আর কিছু অপ্রকাশিত কথা।

একজন ক্লায়েন্ট আজ খুব রেগে কথা বলছিল—ডিজাইন পছন্দ হয়নি। আগে হলে আরহান সরাসরি উত্তর দিত, নিজের যুক্তি দিত। আজ সে চুপ করে শুনল। তারপর শান্তভাবে বলল, "আপনি যেটা চান, সেটা আমরা খুঁজে বের করব।"

লোকটা থেমে গেল।

রাগ কমে গেল।

মিটিং শেষ হলে সহকারী বলল, “স্যার, আপনি আজ খুব শান্ত।”

আরহান হালকা হাসল।

“হয়তো,” সে বলল।

সে বুঝতে পারে—শান্ত হওয়া মানে দুর্বল হওয়া না। বরং এতে শক্তি লাগে।

পার্ট ২: অপেক্ষা, যা নিজেই কথা বলে

বিকেলের দিকে কাজ শেষ হতেই সে আবার গলির দিকে হাঁটতে শুরু করে। আজ তার হাঁটার ভেতরে একটা অদ্ভুত তাড়াহুড়ো নেই, কিন্তু ধীরও না। যেন সে জানে—সে কোথায় যাচ্ছে, আর সেই জায়গাটা তার জন্য অপেক্ষা করছে।

দরজার সামনে এসে সে নক করার আগেই ভেতর থেকে সায়রা দরজা খুলে দিল।

“আপনি আসবেন জানতাম,” সে বলল।

আরহান একটু থামল। “কিভাবে?”

“আপনি আসেন,” সায়রা সহজভাবে বলল।

এই কথাটার ভেতরে কোনো যুক্তি নেই, তবু বিশ্বাস আছে।

সে ভেতরে ঢুকল। আজ ঘরে একটু বেশি আলো। জানালাটা খোলা, বাতাস ঢুকছে।

"আজ কী করছিলে?"

"কিছু না," সায়রা বলল, "আপনার জন্য অপেক্ষা করছিলাম।"

কথাটা খুব সহজভাবে বলা।

তবু এই 'অপেক্ষা' শব্দটা আরহানের ভেতরে গিয়ে নরমভাবে লাগে।

পার্ট ৩: অনুভূতির কাছে ধরা পড়া

কিছুক্ষণ তারা বসে থাকে।

কথা হয়, আবার থেমে যায়।

এই থেমে যাওয়াগুলো এখন আর ফাঁকা না—ভেতরে কিছু থাকে।

"আপনি কি কখনো ভেবেছেন," সায়রা বলল, "কিছু মানুষ হঠাৎ করেই গুরুত্বপূর্ণ হয়ে যায়?"

আরহান তাকাল।

"হ্যাঁ," সে ধীরে বলল।

"কেন হয়?"

"জানি না," আরহান বলল, "হয়তো কারণ তারা আমাদের ভেতরের কিছু ছুঁয়ে যায়।"

কথাটা বলার পর সে নিজেই থেমে গেল।

কারণ সে বুঝল—সে নিজের কথাই বলছে।

সায়রা কিছু বলল না।

শুধু হালকা হাসল।

বাইরে সন্ধ্যা নেমে এসেছে। আলো নরম।

ঘরের ভেতরে একটা শান্ত পরিবেশ।

হঠাৎ সায়রা বলল, "আপনি এখন আর একা নন, তাই না?"

প্রশ্নটা সরাসরি।

আরহান একটু ভেবে বলল, "আগের মতো না।"

এই 'আগের মতো না' কথাটার ভেতরে অনেক কিছু আছে।

কিছুক্ষণ চুপ।

তারপর সায়রা ধীরে বলল, "ভালো।"

বের হওয়ার সময় আরহান দরজার কাছে থামল।

কিছু বলতে চাইল, বলল না।

শুধু বলল, “কাল আসব।”

সায়রা বলল, “জানি।”

এই ‘জানি’ শব্দটা এবার আর শুধু অভ্যাস না—একটা অনুভূতি।

গলি থেকে বের হয়ে সে বুঝতে পারল—

আজ সে নিজেকে লুকাতে পারছে না।

তার ভেতরে যে অনুভূতিটা ধীরে ধীরে তৈরি হচ্ছিল,

আজ সেটা একটু পরিষ্কার হয়েছে।

এটা এখনো বলা হয়নি,

কিন্তু অনুভব করা যাচ্ছে।

আর অনেক সময়

অনুভূতিই

কথার চেয়ে বেশি সত্যি।

▯ অধ্যায় ২০: বলা না বলা

পার্ট ১: দিনের ভেতর অদৃশ্য টান

সকালটা স্বাভাবিক। অফিসে ঢুকে আরহান কাজ শুরু করে, ফাইল খুলে, মিটিং নেয়। সবকিছু আগের মতোই চলে, তবু তার ভেতরে একটা অদৃশ্য টান কাজ করছে। মাঝে মাঝে সে নিজেই খেয়াল করে—কথা বলতে বলতে হঠাৎ থেমে যাচ্ছে, যেন অন্য কোনো ভাবনা এসে দাঁড়িয়েছে সামনে।

একজন ক্লায়েন্ট জিজ্ঞেস করল, "আপনি কি এই ডিজাইনটা চূড়ান্ত বলবেন?"

আরহান কাগজের দিকে তাকিয়ে বলল, "না, এখনো না।"

"কেন?"

"কারণ এটা ঠিক, কিন্তু পুরো না।"

কথাটা বলার পর সে নিজেই একটু থামল।

সে বুঝল—এই কথাটা শুধু ডিজাইনের জন্য না। তার নিজের জীবনও এখন 'ঠিক, কিন্তু পুরো না।'

মিটিং শেষ হলে সে কেবিনে এসে বসে। জানালার বাইরে তাকায়। আকাশ পরিষ্কার, আলো নরম। তার মনে হলো—সবকিছু এত পরিষ্কার, তবু কিছু কথা বলা হচ্ছে না।

পার্ট ২: নীরবতার ভেতর জমে থাকা কথা

বিকেলে সে আবার সেই গলির দিকে হাঁটে। আজ তার হাঁটা ধীর। যেন সে নিজেকে সময় দিচ্ছে। দরজার সামনে এসে সে কিছুক্ষণ দাঁড়িয়ে থাকে, তারপর নক করে।

সায়রা দরজা খুলে দাঁড়ায়।

"আজ আপনি চুপ," সে বলল।

আরহান হালকা হাসল, "হয়তো।"

"ভিতরে আসুন।"

ঘরের ভেতর আজ একটু বেশি নীরবতা।

কোনো কারণ নেই, তবু যেন কিছু কথা অপেক্ষা করছে।

তারা বসে। কিছুক্ষণ কেউ কিছু বলে না।

এই নীরবতাটা আগের মতো আরামদায়ক না, আবার অস্বস্তিকরও না। মাঝামাঝি কোথাও।

সায়রা ধীরে বলল, “আপনি কিছু বলতে চান?”

প্রশ্নটা সরাসরি।

আরহান তাকাল, তারপর চোখ সরিয়ে নিল।

“হয়তো,” সে বলল।

“তাহলে বলুন।”

কথাটা সহজ।

কিন্তু বলাটা কঠিন।

আরহান কিছুক্ষণ চুপ করে থাকল।

তার মাথার ভেতরে অনেক কথা—কিন্তু কোনটা দিয়ে শুরু করবে, সেটা জানে না।

“তুমি···” সে শুরু করল, তারপর থেমে গেল।

সায়রা কিছু বলল না। শুধু অপেক্ষা করল।

“তুমি আমার জীবনে একটা··· পরিবর্তন এনেছ,” সে ধীরে বলল।

কথাটা খুব বড় না, তবু সত্যি।

সায়রা হালকা মাথা নাড়ল।

“পরিবর্তন সবসময় ভালো হয়?”

প্রশ্নটা নরম, কিন্তু গভীর।

আরহান বলল, “হয়তো সব না, কিন্তু এটা হয়েছে।”

পার্ট ৩: না বলা কথার অর্থ

ঘরের ভেতরে আলো নরম হয়ে এসেছে।

বাইরে সন্ধ্যা নামছে।

কথা থেমে যায়।

কিন্তু এই থেমে যাওয়াটার ভেতরে কিছু রয়ে যায়।

সায়রা ধীরে বলল, “আপনি কি ভয় পান?”

আরহান একটু অবাক হয়ে তাকাল।

“কিসের?”

“কিছু বলার।”

প্রশ্নটা সরাসরি।

এইবার আরহান চুপ করে রইল না।

সে বলল, "হ্যাঁ।"

একটা ছোট স্বীকারোক্তি।

তবু অনেক বড়।

সায়রা হালকা হাসল।

"ভয় পাওয়া খারাপ না," সে বলল, "যদি সেটা আপনাকে থামিয়ে না দেয়।"

কথাটা শুনে আরহান বুঝল—সে এখনো থেমে আছে।

কিন্তু পুরো না।

বের হওয়ার সময় সে দরজার কাছে দাঁড়িয়ে রইল।

কিছু বলতে চাইল।

বলল না।

"আমি কাল আসব," সে বলল।

সায়রা বলল, "আমি থাকব।"

এই 'আমি থাকব' কথাটার ভেতরে অদ্ভুত এক নিশ্চয়তা।

আরহান গলি থেকে বের হয়ে হাঁটতে লাগল।

আজ তার ভেতরে একটা অনুভূতি স্পষ্ট—

সে কিছু বলতে চায়,

কিন্তু এখনো সময় আসেনি।

সব কথা একদিনে বলা যায় না।

কিছু কথা

ধীরে ধীরে

নিজে থেকেই বের হয়।

আর হয়তো সেই কথাটাই—

যেটা বলা হয়নি,

সেটাই সবচেয়ে বেশি অনুভব করা যায়।

অধ্যায় ২১: শব্দের আগে অনুভূতি

পার্ট ১: ভেতরের দ্বিধা, বাইরের স্বাভাবিকতা

সকালটা আবার আগের মতোই শুরু হয়—ঘুম ভাঙা, জানালার আলো, অফিসে যাওয়া। সবকিছু ঠিকঠাক, কিন্তু ভেতরে একটা নরম অস্থিরতা আছে। গতকালের সেই না-বলা কথাগুলো মাথায় ঘুরছে। আরহান বুঝতে পারছে—সে যা বলতে চায়, সেটা শুধু শব্দ না, একটা দায়িত্বও। তাই সে তাড়াহুড়া করছে না।

অফিসে বসে সে কাজ করছে, কিন্তু মাঝেমধ্যে থেমে যাচ্ছে। সহকারী কিছু একটা বুঝতে পেরে জিজ্ঞেস করল, "স্যার, সব ঠিক আছে?"

আরহান বলল, "হ্যাঁ, ঠিক।"

কথাটা সত্যি, তবু পুরো সত্যি না।

একটা মিটিংয়ে বসে ক্লায়েন্ট বলছিল, "আমরা চাই জায়গাটা পারফেক্ট হোক।"

আরহান হালকা হাসল, "পারফেক্ট কিছু হয় না। যেটা সত্যি লাগে, সেটাই ভালো।"

লোকটা চুপ করে গেল।

এই কথাটা সে নিজের জন্যও বলল।

সে বুঝতে পারছে—ভালোবাসা নিখুঁত হতে হয় না, সত্যি হলেই যথেষ্ট।

পার্ট ২: সহজ দিনের ভেতর লুকানো গভীরতা

বিকেলে সে গলির দিকে হাঁটতে লাগল। আজ তার হাঁটা ধীর। সে নিজেকে প্রস্তুত করছে না, শুধু নিজের সাথে সৎ থাকতে চাইছে। দরজার সামনে এসে সে একটু থামল, তারপর নক করল।

সায়রা দরজা খুলে দাঁড়াল।

“আজ দেরি,” সে বলল।

“হ্যাঁ,” আরহান বলল, “কিছু ভাবছিলাম।”

“কী?”

“সবকিছু।”

সায়রা হালকা হাসল। “সবকিছু একসাথে ভাবা যায়?”

“না,” আরহান বলল, “তবু চেষ্টা করি।”

ভেতরে ঢুকে তারা বসে। আজ কোনো তাড়াহুড়ো নেই, কোনো বিশেষ কথা নেই।

তবু পরিবেশটা ভরাট।

“আজ কি করবেন?” সায়রা জিজ্ঞেস করল।

“কিছু না,” আরহান বলল, “এভাবেই বসে থাকব।”

“তাহলে বসুন,” সে বলল।

এই ‘বসুন’ কথাটার ভেতরে একটা অদ্ভুত স্বস্তি আছে—কিছু করার চাপ নেই, শুধু থাকার অনুমতি।

পার্ট ৩: অনুভূতির কাছে হার মানা

কিছুক্ষণ চুপ।

তারপর আরহান নিজেই বলল, “তুমি কি কখনো অনুভব করো, কিছু কথা না বললেও বোঝা যায়?”

সায়রা তাকাল।

“হয়,” সে বলল, “যদি সেটা সত্যি হয়।”

কথাটা শুনে আরহান বুঝল—সে যা অনুভব করছে, সেটা লুকিয়ে রাখলেও থাকবে।

সে ধীরে বলল, “আমি অনেকদিন কিছু অনুভব করিনি।”

“এখন?”

"এখন করছি।"

এই স্বীকারোক্তিটা খুব ছোট, কিন্তু গভীর।

সায়রা কিছু বলল না।

শুধু তার দিকে তাকিয়ে রইল।

এই তাকানোটা অস্বস্তিকর না।

বরং শান্ত।

বাইরে হালকা বাতাস। সন্ধ্যার আলো কমে যাচ্ছে।

এই সময়টায় সবকিছু একটু নরম লাগে।

"আপনি কি কিছু বলতে চেয়েছিলেন?" সায়রা আবার জিজ্ঞেস করল।

আরহান এবার থামল না।

সে বলল, "হ্যাঁ… কিন্তু শব্দ খুঁজে পাচ্ছি না।"

সায়রা হালকা হাসল।

“সব অনুভূতির শব্দ লাগে না।”

এই কথাটা শুনে আরহান বুঝল—

সে যা বলতে চাইছে, সেটা হয়তো বলার দরকার নেই এখনই।

বের হওয়ার সময় সে একটু থামল।

“আমি কাল আসব,” সে বলল।

সায়রা বলল, “আমি থাকব।”

এই কথাগুলো এখন অভ্যাসের মতো, তবু প্রতিবার নতুন লাগে।

গলি থেকে বের হয়ে সে আকাশের দিকে তাকাল।

আজ আকাশে খুব বেশি কিছু নেই, তবু শান্ত।

সে বুঝল—

ভালোবাসা সবসময় শব্দে আসে না,

কখনো কখনো

এটা শুধু অনুভূতি হয়ে থাকে।

আর সেই অনুভূতিটাই

সবচেয়ে সত্যি।

অধ্যায় ২২: ধীরে বলা একটি কথা

পার্ট ১: ভেতরের সিদ্ধান্ত, বাইরে স্বাভাবিক দিন

সকালটা অন্য দিনের মতোই শুরু হলেও আরহান বুঝতে পারছিল—আজকের ভেতরে কিছু আলাদা আছে। কোনো বড় ঘটনা না, তবু একটা সিদ্ধান্ত নরমভাবে ভেতরে তৈরি হচ্ছে। আয়নার সামনে দাঁড়িয়ে সে নিজের চোখের দিকে তাকাল। অনেকদিন পর তার চোখ এড়িয়ে গেল না। সে বুঝল—এড়িয়ে যাওয়ার মতো কিছু আর নেই।

অফিসে গিয়ে সে কাজ শুরু করল। মিটিং, ফাইল, ফোন—সব চলছে, কিন্তু তার ভেতরে একটা শান্ত প্রস্তুতি। আজ সে তাড়াহুড়ো করছে না, আবার পিছিয়েও যাচ্ছে না। একজন ক্লায়েন্ট জিজ্ঞেস করল, "এই প্রজেক্টে আপনার কনফিডেন্স কতটা?"

আরহান একটু ভেবে বলল, "যতটা সত্যি।"

লোকটা বুঝতে পারল না, তবু মাথা নাড়ল।

আরহান বুঝল—সব উত্তর সবার বোঝার জন্য না।

দুপুরের দিকে সে কেবিনে একা বসে ছিল। টেবিলে রাখা বইটা খুলে একটা লাইন পড়ল—"যা বলতে ভয় লাগে, সেটাই হয়তো সবচেয়ে সত্যি।" সে লাইনটা বন্ধ করল। চোখ বন্ধ করল না। শুধু ধীরে শ্বাস নিল। সিদ্ধান্তটা এখন স্পষ্ট—সে আর পিছাবে না।

পার্ট ২: অপেক্ষা নয়, উপস্থিতি

বিকেলে সে গলির দিকে হাঁটল। আজ তার হাঁটা খুব স্বাভাবিক। কোনো বাড়তি তাড়াহুড়ো নেই, কোনো থেমে থাকা নেই। দরজার সামনে এসে সে নক করল না , শুধু দাঁড়িয়ে রইল। ভেতর থেকে সায়রা দরজা খুলল।

"আজ আপনি কিছু বলবেন," সে হালকা হাসি দিয়ে বলল।

আরহান অবাক হলো না।

"কিভাবে বুঝলে?"

"আপনার চোখে থাকে," সায়রা বলল।

এই কথাটার ভেতরে অদ্ভুত এক নিশ্চয়তা।

সে ভেতরে ঢুকল। ঘরের ভেতর আজ নরম আলো, জানালা খোলা, বাতাস ঢুকছে। সবকিছু খুব স্বাভাবিক, তবু মুহূর্তটা আলাদা।

তারা বসে। কিছুক্ষণ চুপ।

এই চুপটা আজ অপেক্ষার।

পার্ট ৩: বলা, খুব ধীরে

আরহান এবার থামল না।

সে ধীরে বলল, “আমি আগে অনেক কিছু পেয়েছি, কিন্তু কিছু অনুভব করিনি।”

সায়রা চুপ করে শুনছে।

“আর এখন… খুব সাধারণ কিছু জিনিসেও ভালো লাগে,” সে বলল।

কথাগুলো সহজ, কিন্তু ভেতরে সত্যি।

সে একটু থামল।

তারপর বলল, “তোমার সাথে বসে থাকাটা… আমার ভালো লাগে।”

কথাটা ছোট।

তবু পুরো।

সায়রা কিছুক্ষণ কিছু বলল না।

তারপর ধীরে বলল, “আমারও।”

এই ‘আমারও’ শব্দটার ভেতরে কোনো নাটক নেই, তবু অনেক কিছু আছে।

বাইরে সন্ধ্যা নামছে। আলো নরম হয়ে গেছে।

ঘরের ভেতরে একটা স্থিরতা।

আরহান আর কিছু বলল না।

তার আর বলার দরকারও নেই।

সায়রা হালকা বলল, "সব কথা একদিনে বলা লাগে না।"

আরহান মাথা নাড়ল, "হ্যাঁ।"

এই কথোপকথনটা খুব ছোট, তবু গভীর।

কারণ এখানে কোনো প্রমাণ নেই, কোনো দাবি নেই।

শুধু স্বীকারোক্তি।

বের হওয়ার সময় আরহান বলল, "আমি কালও আসব।"

সায়রা বলল, "আমি অপেক্ষা করব না, তবু থাকব।"

এই কথাটা শুনে সে হালকা হাসল।

কারণ সে বুঝল—এখানে অপেক্ষা মানে চাপ না, উপস্থিতি।

গলি থেকে বের হয়ে সে ধীরে হাঁটতে লাগল।

একটু ভালোবাসা ধার দিবে

তার ভেতরে কোনো ভার নেই।

শুধু একটা নরম স্বস্তি।

সে বুঝল—

ভালোবাসা সবসময় বড় করে বলা লাগে না,

কখনো কখনো

একটা ছোট বাক্যই যথেষ্ট।

আর সেই ছোট বাক্যটাই

পুরো জীবন বদলে দিতে পারে।

অধ্যায় ২৩: একসাথে থাকা মানে

পার্ট ১: দিনের ভেতর নরম স্থিরতা

সকালটা শান্ত। আরহান আজ ঘুম থেকে উঠে তাড়াহুড়ো করল না। জানালার পর্দা সরিয়ে কিছুক্ষণ আলোয় দাঁড়িয়ে থাকল। তার মনে হলো—দিন শুরু করা মানে দৌড় শুরু করা না, কখনো কখনো শুধু থাকা। অফিসে গিয়ে সে স্বাভাবিকভাবে কাজ শুরু করল , কিন্তু আজ সে খেয়াল করছে ছোট ছোট জিনিস—সহকারীর ক্লান্ত চোখ, ডিজাইনারের দ্বিধা, ক্লায়েন্টের অস্থিরতা। সে কথা কম বলছে, কিন্তু শুনছে বেশি। একজন ডিজাইনার একটা ড্রয়িং দেখিয়ে বলল, "স্যার, কিছু যেন কম লাগছে।" আরহান কাগজটা দেখে বলল, "এখানে বসার জায়গাটা জানালার দিকে ঘুরিয়ে দাও। মানুষ বাইরে তাকাতে চাইবে।" কথাটা বলেই সে থামল—মানুষ বাইরে তাকাতে চায়, আবার ভেতরেও। সে নিজেই বুঝল—তার ভেতরের জানালাটাও ধীরে খুলছে।

দুপুরে সে ক্যান্টিনে বসে খেতে খেতে হঠাৎ খেয়াল করল—আজ সে ফোনটা ধরেনি অনেকক্ষণ। এই না-ধরাটা তার কাছে নতুন। আগে প্রতিটা মিনিটে কিছু না কিছু দেখত , এখন সময়টা তার নিজের। এই ছোট স্বাধীনতাটা তাকে হালকা করে।

পার্ট ২: থাকা, কোনো শর্ত ছাড়া

বিকেলে সে গলির দিকে হাঁটল। আজ তার ভেতরে কোনো অস্থিরতা নেই , শুধু একটা সহজ টান। দরজার সামনে এসে নক করতেই সায়রা দরজা খুলল।

"আজ আপনি দেরি করেননি," সে বলল।

"চেষ্টা করেছি," আরহান উত্তর দিল।

ভেতরে ঢুকে সে বসে। আজ ঘরে কোনো আলাদা আয়োজন নেই—একই টেবিল, একই চেয়ার, একই নরম আলো। তবু সবকিছু নতুন লাগে। সায়রা চা নিয়ে আসে।

"চিনি ঠিক আছে?"

"যেমন তুমি দাও," আরহান বলে।

এই কথাটার ভেতরে অদ্ভুত এক বিশ্বাস।

তারা বসে চা খায়।

কথা খুব কম।

তবু সময় থেমে থাকে না, এগোয়—নরমভাবে।

"আপনি কি এখন একা লাগেনা?" সায়রা জিজ্ঞেস করে।

আরহান একটু ভেবে বলে, "আগের মতো না।"

"কেন?"

"কারণ এখন মনে হয়, আমি একা থাকলেও একা না।"

সায়রা মাথা নাড়ে। "এটাই তো থাকা।"

কথাটা খুব সহজ, তবু গভীর।

পার্ট ৩: শব্দের বাইরে বোঝা

সন্ধ্যার আলো নরম হয়ে এসেছে। জানালার পাশে দাঁড়িয়ে দু'জন বাইরে তাকায়। রাস্তায় মানুষ যাচ্ছে, দোকানের আলো জ্বলছে। এই সাধারণ দৃশ্যটাই এখন তাদের ভালো লাগে।

"আপনি কি সবসময় আসবেন?" সায়রা হঠাৎ জিজ্ঞেস করল।

প্রশ্নটা খুব সরাসরি না, তবু গুরুত্বপূর্ণ।

আরহান কিছুক্ষণ চুপ করে থাকল।

তারপর বলল, "যতদিন থাকা যায়।"

সায়রা কিছু বলল না।

শুধু হালকা হাসল।

এই হাসির ভেতরে কোনো দাবি নেই, তবু একটা বোঝা আছে।

আরহান ধীরে বলল, "সবকিছু কি ধরে রাখা যায়?"

সায়রা বলল, "যা সত্যি, সেটা ধরে রাখতে হয় না।"

এই কথাটা শুনে আরহান বুঝল—সে যেটা অনুভব করছে, সেটা ধরে রাখার চেষ্টা না করলেও থাকবে। কারণ এটা তৈরি হচ্ছে জোর করে না, নিজের মতো।

বের হওয়ার সময় সে দরজার সামনে দাঁড়িয়ে বলল, "আমি কালও আসব।"

সায়রা বলল, "আমি থাকব।"

এই কথাগুলো এখন আর শুধু কথা না—একটা নিয়ম, একটা নিশ্চয়তা।

গলি থেকে বের হয়ে আরহান ধীরে হাঁটতে লাগল। তার ভেতরে কোনো ভয় নেই, কোনো তাড়া নেই। শুধু একটা নরম অনুভূতি—যেটা তাকে ভেতর থেকে ঠিক করছে।

সে বুঝল—

একসাথে থাকা মানে সবসময় কথা বলা না,

কখনো কখনো

শুধু পাশে থাকা।

আর সেই পাশে থাকাটাই

সবচেয়ে বড় ভালোবাসা।

অধ্যায় ২৪: নাম দেওয়ার আগে

পার্ট ১: স্বাভাবিক দিনের ভেতর অস্বাভাবিক অনুভূতি

সকালে অফিসে গিয়ে আরহান বুঝল—সবকিছু ঠিক চলছে, তবু তার ভেতরে কিছু আলাদা। কাজের টেবিলে বসে সে ফাইল খুলল, ডিজাইন দেখল, নির্দেশ দিল। সবকিছু আগের মতোই, কিন্তু তার মন বারবার এক জায়গায় গিয়ে থামছে। সে নিজেই খেয়াল করল—এটা কোনো অস্থিরতা না, বরং একটা স্থির টান। আগে যেটা তাকে টানত, সেটা ছিল প্রয়োজন। এখন যেটা টানছে, সেটা শুধু থাকা।

একজন ক্লায়েন্ট আজ খুব খুঁত ধরছিল। আগে হলে সে বিরক্ত হতো, আজ সে শুধু শুনল। তারপর বলল, "আপনি যেটা চান, সেটা বুঝতে একটু সময় লাগছে। কিন্তু বুঝব।" কথাটা বলার ভেতরে কোনো রাগ নেই, শুধু ধৈর্য। সে বুঝতে পারল—ধৈর্যও একটা শক্তি, যেটা আগে তার ছিল না।

কাজ শেষ করে সে কিছুক্ষণ কেবিনে একা বসে রইল। জানালার বাইরে তাকিয়ে তার মনে হলো—জীবনটা অনেকদিন পর সহজ লাগছে। কোনো কিছু প্রমাণ করার নেই, শুধু অনুভব করার আছে।

পার্ট ২: নাম না দেওয়া অনুভূতি

বিকেলে সে আবার সেই গলির দিকে হাঁটল। আজ তার হাঁটার ভেতরে কোনো তাড়াহুড়ো নেই, তবু সে থামছে না। দরজার সামনে এসে দাঁড়াতেই সায়রা দরজা খুলল।

"আজ আপনি চুপচাপ," সে বলল।

"ভাবছি," আরহান বলল।

"কী?"

"এই যে… সবকিছু।"

সায়রা হালকা হাসল। "সবকিছুকে নাম দিতে হবে?"

প্রশ্নটা অদ্ভুত।

আরহান একটু ভেবে বলল, “সবকিছু না।”

“তাহলে এটাকেও দিও না,” সায়রা বলল।

কথাটা খুব সহজভাবে বলা, তবু গভীর।

আরহান বুঝল—সে যে অনুভূতিটা অনুভব করছে, সেটাকে এখনই কোনো নাম দেওয়ার দরকার নেই।

তারা বসে। চা আসে।

আজ কথা কম, কিন্তু বোঝা বেশি।

পার্ট ৩: নীরবতার ভেতর স্পষ্টতা

জানালার পাশে দাঁড়িয়ে দু’জন বাইরে তাকিয়ে থাকে।

আকাশে হালকা মেঘ, আলো নরম।

“আপনি কি খুশি?” সায়রা জিজ্ঞেস করল।

আরহান একটু থামল।

“হ্যাঁ,” সে বলল, “এখন মনে হয় আমি খুশি হতে পারি।”

এই 'পারতে পারি' কথাটার ভেতরে একটা নতুন শুরু আছে।

সায়রা বলল, "খুশি হওয়া শিখতে হয়।"

আরহান মাথা নাড়ল। "আমি শিখছি।"

কিছুক্ষণ তারা চুপ।

এই চুপটা এখন আর ফাঁকা না—ভরাট।

আরহান ধীরে বলল, "আমি আগে ভাবতাম, ভালোবাসা একটা বড় ব্যাপার। এখন মনে হচ্ছে, এটা খুব ছোট ছোট জিনিসে থাকে।"

সায়রা বলল, "ছোট জিনিসগুলোই টেকে।"

এই কথাটা শুনে আরহান বুঝল—সে যা অনুভব করছে, সেটা টেকার মতোই।

বের হওয়ার সময় সে দরজার সামনে দাঁড়িয়ে বলল, "আমি কালও আসব।"

সায়রা বলল, "আমি থাকব।"

এই কথাগুলো এখন আর নতুন না, তবু প্রতিবার নতুন লাগে।

গলি থেকে বের হয়ে সে আকাশের দিকে তাকাল।

আজ আকাশ খুব সাধারণ।

তবু সুন্দর।

সে বুঝল—

সব অনুভূতিকে নাম দিতে হয় না,

কিছু অনুভূতি

নাম ছাড়াই সবচেয়ে সত্যি থাকে।

আর সেই নামহীন অনুভূতিটাই

তার ভেতরে ধীরে ধীরে জায়গা করে নিচ্ছে।

অধ্যায় ২৫: ধীরে বলা সাহস

পার্ট ১: ভেতরের প্রস্তুতি

সকালটা অদ্ভুতভাবে পরিষ্কার। আরহান জানালার সামনে দাঁড়িয়ে ছিল, আলো তার মুখে পড়ছে। অনেকদিন পর সে নিজের ভেতরে কোনো দ্বিধা খুঁজে পেল না, আবার পুরো নিশ্চিততাও পেল না। মাঝামাঝি একটা জায়গা—যেখানে মানুষ ভয় পায়, তবু এগোয়। সে বুঝতে পারল, আজ তার ভেতরে কিছু বলার মতো সাহস তৈরি হচ্ছে।

অফিসে গিয়ে সে স্বাভাবিকভাবেই কাজ শুরু করল। ফাইল, মিটিং, আলোচনা—সব চলছে। কিন্তু আজ তার মাথা ভারী না। বরং হালকা। একজন সহকারী এসে বলল, “স্যার, এই ডিজাইনটা ফাইনাল?”

আরহান একটু তাকিয়ে বলল, "ফাইনাল তখনই হয়, যখন মনে হয় আর কিছু বলার বাকি নেই।"

কথাটা বলেই সে নিজে একটু থামল।

কারণ সে জানে—তার নিজের ভেতরেও কিছু বলার বাকি আছে।

দুপুরে সে একা বসে ছিল। ফোনে কোনো কল নেয়নি, কোনো মেসেজের উত্তর দেয়নি। শুধু বসে ছিল। এই বসে থাকার ভেতরেই সে বুঝতে পারল—সে পালাতে চায় না আর।

পার্ট ২: মুহূর্তের সামনে দাঁড়ানো

বিকেলে সে গলির দিকে হাঁটতে শুরু করল। আজ তার হাঁটা ধীর না, দ্রুতও না। স্থির। যেন সে জানে—আজ কিছু একটা বদলাবে, ছোট করে হলেও।

দরজার সামনে এসে সে নক করল।

সায়রা দরজা খুলল।

"আজ আপনি আলাদা লাগছেন," সে বলল।

আরহান হালকা হাসল, "হয়তো।"

ভেতরে ঢুকে তারা বসে। আজ ঘরে নরম আলো, বাতাস একটু ঠান্ডা। সবকিছু আগের মতোই, তবু মুহূর্তটা আলাদা।

কিছুক্ষণ চুপ।

এই চুপটা আজ ভারী না, আবার একদম হালকাও না।

সায়রা বলল, “আপনি কিছু বলবেন?”

আরহান এবার থামল না।

পার্ট ৩: শব্দের ভেতর সত্যি

সে ধীরে বলল, “আমি আগে সবকিছু খুব জোরে চাইতাম—সাফল্য, টাকা, মানুষ।”

সায়রা চুপ করে শুনছে।

“কিন্তু এখন বুঝছি, কিছু জিনিস জোরে পাওয়া যায় না,” সে বলল।

তার কণ্ঠ নরম, কিন্তু স্পষ্ট।

সে একটু থামল, তারপর বলল, “তোমার সাথে থাকলে··· আমার ভালো লাগে। খুব সাধারণভাবে, খুব শান্তভাবে।”

কথাটা ছোট, কিন্তু গভীর।

সায়রা কিছুক্ষণ চুপ করে থাকল।

তারপর ধীরে বলল, “আমারও।”

এই ‘আমারও’ শব্দটা আগের মতোই সহজ, কিন্তু আজ তার ভেতরে একটু বেশি অর্থ।

বাইরে সন্ধ্যা নামছে।

আলো কমে যাচ্ছে।

ঘরের ভেতরে একটা নরম স্থিরতা।

আরহান আর কিছু বলল না।

কারণ তার বলার দরকার নেই।

সায়রা বলল, “সবকিছু একদিনে বড় হয় না।”

আরহান মাথা নাড়ল, “হ্যাঁ।”

এই কথাগুলো খুব সাধারণ, তবু তাদের ভেতরে একটা শুরু আছে।

বের হওয়ার সময় সে দরজার সামনে দাঁড়িয়ে বলল, “আমি কালও আসব।”

সায়রা বলল, “আমি থাকব।”

এই কথাগুলো এখন আর শুধু অভ্যাস না—একটা প্রতিশ্রুতি।

গলি থেকে বের হয়ে আরহান ধীরে হাঁটতে লাগল।

তার ভেতরে আজ কোনো দ্বিধা নেই।

সে বুঝল—

ভালোবাসা সবসময় বড় করে বলা লাগে না,

কখনো কখনো

একটা ছোট সাহসই যথেষ্ট।

আর সেই সাহসটাই

আজ সে দেখিয়েছে।

অধ্যায় ২৬: নীরব প্রতিশ্রুতি

পার্ট ১: স্থিরতার ভেতর নিশ্চিততা

সকালে ঘুম ভাঙতেই আরহান বুঝল—ভেতরে একটা অদ্ভুত শান্তি আছে। কোনো উত্তেজনা নেই, কোনো তাড়া নেই। গতকাল যা বলেছে, সেটাকে সে বড় কিছু মনে করছে না, আবার ছোটও না। যেন একটা দরজা একটু খুলেছে, পুরো না—তবু আলো ঢুকছে। জানালার সামনে দাঁড়িয়ে সে কিছুক্ষণ বাইরে তাকিয়ে থাকল। বাতাসে হালকা ঠান্ডা, আকাশ পরিষ্কার। তার মনে হলো—এই স্বাভাবিকতাই সবচেয়ে বড় স্বস্তি।

অফিসে গিয়ে সে কাজ শুরু করল আগের মতোই। কিন্তু আজ সে নিজেকে প্রমাণ করার চেষ্টা করছে না। একজন ক্লায়েন্ট বলল, "আমরা চাই জায়গাটা একদম আলাদা হোক।"

আরহান বলল, "আলাদা হওয়ার জন্য জোর লাগে না, সত্যি হলেই আলাদা হয়ে যায়।"

লোকটা কিছুক্ষণ চুপ করে থাকল।

আরহান বুঝল—সে এখন শুধু ডিজাইন না, নিজের ভাবনাও বদলাচ্ছে।

কাজের ফাঁকে সে খেয়াল করল—আজ তার ভেতরে কোনো প্রশ্ন নেই। আগে সবকিছু নিয়ে প্রশ্ন ছিল, এখন কিছু জিনিসের উত্তর দরকার হয় না।

পার্ট ২: সহজ উপস্থিতি

বিকেলে সে আবার সেই গলির দিকে হাঁটল। আজ তার হাঁটা একদম স্বাভাবিক। যেন সে কোনো জায়গায় যাচ্ছে না, বরং নিজের জায়গায় ফিরছে। দরজার সামনে এসে নক করতেই সায়রা দরজা খুলল।

“আজ আপনি শান্ত,” সে বলল।

“হয়তো,” আরহান বলল।

ভেতরে ঢুকে সে বসে। আজ ঘরে কোনো আলাদা আলো নেই, তবু সবকিছু উজ্জ্বল লাগে। সায়রা চা নিয়ে আসে।

“চিনি ঠিক?”

“যেমন তুমি দাও,” আরহান বলে।

এই কথাটার ভেতরে এখন আর নতুনত্ব নেই, তবু গভীরতা আছে।

তারা বসে থাকে।

কথা কম, তবু বোঝা বেশি।

“আপনি কি কিছু ভাবছেন?” সায়রা জিজ্ঞেস করল।

“না,” আরহান বলল, “আজ কিছু ভাবছি না।”

“ভালো,” সায়রা বলল, “সবসময় ভাবলে মানুষ ক্লান্ত হয়ে যায়।”

এই কথাটা শুনে সে বুঝল—সে সত্যিই আজ ক্লান্ত না।

পার্ট ৩: শব্দ ছাড়াই বোঝা

সন্ধ্যার আলো নরম হয়ে এসেছে। জানালার পাশে দাঁড়িয়ে তারা বাইরে তাকিয়ে থাকে।

কিছুক্ষণ কেউ কিছু বলে না।

এই চুপটা এখন আর কোনো ফাঁকা জায়গা না—এটা একটা ভরাট নীরবতা।

আরহান ধীরে বলল, “তুমি কি জানো, আমি এখানে কেন আসি?”

সায়রা তাকাল।

"জানি," সে বলল।

কোনো ব্যাখ্যা নেই।

কোনো প্রশ্ন নেই।

তবু বোঝা আছে।

আরহান আর কিছু বলল না।

কারণ তার আর বলার দরকার নেই।

এই বোঝাটাই যথেষ্ট।

বের হওয়ার সময় সে বলল, "আমি কালও আসব।"

সায়রা বলল, "আমি থাকব।"

এই কথাগুলো এখন আর শুধু অভ্যাস না—এটা একটা নীরব প্রতিশ্রুতি।

গলি থেকে বের হয়ে আরহান ধীরে হাঁটতে লাগল।

তার ভেতরে কোনো দ্বিধা নেই, কোনো ভয় নেই।

সে বুঝল—

সব প্রতিশ্রুতি শব্দে বলা লাগে না,

কিছু প্রতিশ্রুতি

নীরবতাতেই থাকে।

আর সেই নীরব প্রতিশ্রুতিটাই

সবচেয়ে সত্যি।

অধ্যায় ২৭: অচেনা ভয়, চেনা হাত

পার্ট ১: হঠাৎ ফিরে আসা ছায়া

সকালটা শুরু হয়েছিল স্বাভাবিকভাবে, কিন্তু দুপুরের দিকে একটা ফোন সবকিছু বদলে দিল। অফিসে বসে আরহান নতুন একটা প্রজেক্ট নিয়ে আলোচনা করছিল, ঠিক তখনই ফোনটা কাঁপল। স্ক্রিনে অচেনা নম্বর। সে সাধারণত এ ধরনের কল নেয় না, তবু আজ নিল। ওপাশে কিছুক্ষণ নীরবতা, তারপর নিচু গলায় একটা কণ্ঠ—পরিচিত, অস্বস্তিকর।

"সবকিছু এত সহজ না, আরহান।"

লাইনটা কেটে গেল।

কথাটা ছোট, কিন্তু তার ভেতরে পুরোনো একটা দরজা হঠাৎ খুলে দিল। সে কিছুক্ষণ ফোনটা হাতে নিয়ে বসে রইল। মাথার ভেতর সেই পুরোনো দিনগুলো—বিশ্বাসঘাতকতা, হিসাব, ফাঁদ—সব আবার এক মুহূর্তের জন্য ফিরে এলো। সে বুঝল, অতীত পুরোপুরি হারিয়ে যায় না, সুযোগ পেলে ফিরে আসে।

কিন্তু এবার পার্থক্য আছে। সে উঠে দাঁড়াল, জানালার সামনে গিয়ে দাঁড়াল। গভীর শ্বাস নিল। নিজেকে বলল—"আমি আগের জায়গায় নেই।" এই কথাটা সে নিজেকে বোঝাতে বলল না, বিশ্বাস করে বলল।

পার্ট ২: আশ্রয় না, স্বাভাবিক ফেরা

বিকেলে সে গলির দিকে হাঁটতে শুরু করল। আজ তার হাঁটার ভেতরে একটা চাপা ভার আছে, তবু সে থামল না। দরজার সামনে এসে নক করতেই সায়রা দরজা খুলল। একবার তাকিয়েই সে বুঝে গেল—কিছু একটা হয়েছে।

"আপনি ঠিক আছেন?"

প্রশ্নটা খুব সাধারণ, তবু ভেতরে যত্ন।

আরহান একটু থামল। "হ্যাঁ… আছি।"

কথাটা পুরো সত্যি না, তবু মিথ্যাও না।

ভেতরে ঢুকে সে বসে। আজ সে নিজে থেকে কথা শুরু করে না।

সায়রা চা এনে সামনে রাখে। কিছু জিজ্ঞেস করে না। শুধু পাশে বসে।

এই না-জিজ্ঞেস করাটাই অদ্ভুতভাবে আরাম দেয়।

কিছুক্ষণ পর আরহান নিজেই বলে, "অতীত মাঝে মাঝে ফিরে আসে।"

সায়রা তাকায়, "আসে।"

"তখন মনে হয়, সবকিছু আবার ভেঙে যাবে।"

সায়রা ধীরে বলে, "সবকিছু ভাঙে না, কিছু জিনিস বদলায়।"

কথাটা সহজ, কিন্তু ভেতরে শক্ত।

পার্ট ৩: পাশে থাকা মানে শক্তি দেওয়া

ঘরের ভেতরে নরম আলো। বাইরে সন্ধ্যা নামছে।

আরহান জানালার দিকে তাকিয়ে ছিল।

সায়রা ধীরে বলল, "আপনি ভয় পেয়েছেন?"

প্রশ্নটা সরাসরি।

আরহান এবার লুকাল না। "হ্যাঁ।"

এই স্বীকারোক্তিটা তার জন্য নতুন।

সায়রা একটু কাছে এগিয়ে এল।

"ভয় থাকা খারাপ না," সে বলল, "যদি আপনি একা না থাকেন।"

এই কথাটা বলার ভেতরে কোনো নাটক নেই, তবু গভীরতা আছে।

আরহান প্রথমবার অনুভব করল—সে সত্যিই একা না।

এই অনুভূতিটা তাকে ভেতর থেকে স্থির করে।

সে ধীরে বলল, "আমি আগে সবকিছু একা সামলাতাম।"

"এখন?"

"এখন··· মনে হয় কাউকে বলা যায়।"

সায়রা হালকা হাসল।

"তাহলে বলুন," সে বলল।

কিন্তু আরহান সব বলেনি।

সব কথা একদিনে বলা যায় না।

তবু সে যতটা বলেছে, সেটাই যথেষ্ট।

কিছুক্ষণ তারা চুপ করে বসে থাকে।

এই চুপটা এবার আশ্রয়ের মতো।

বের হওয়ার সময় আরহান দরজার সামনে দাঁড়িয়ে একটু থামল।

"আমি কালও আসব," সে বলল।

সায়রা বলল, "আমি থাকব।"

এই কথাগুলো আজ অন্যরকম লাগে।

কারণ আজ সে বুঝেছে—এই 'থাকা'টা শুধু অভ্যাস না, শক্তি।

গলি থেকে বের হয়ে সে ধীরে হাঁটতে লাগল।

তার ভেতরে এখনো সেই ফোনের ছায়া আছে, তবু সেটা তাকে ভাঙতে পারছে না।

কারণ এবার তার পাশে একটা হাত আছে—

যেটা ধরার জন্য তাকে কিছু বলতে হয় না।

আর অনেক সময়

একটা চেনা হাতই

সবচেয়ে বড় সাহস।

অধ্যায় ২৮: মুখোমুখি হওয়া

পার্ট ১: ভেতরের সিদ্ধান্ত, বাইরে প্রস্তুতি

সকালে ঘুম ভাঙতেই আরহান বুঝল—গতকালের ভয়টা পুরো যায়নি, কিন্তু সেটা তাকে আর থামাচ্ছে না। বরং একটা অদ্ভুত দৃঢ়তা তৈরি হয়েছে। সে আয়নার সামনে দাঁড়িয়ে নিজের দিকে তাকাল। চোখে ক্লান্তি নেই, বরং একটা স্থিরতা। অনেকদিন পর সে নিজেকে এড়িয়ে গেল না।

অফিসে গিয়ে সে সরাসরি কাজ শুরু করল, কিন্তু আজ তার মন অন্য জায়গায়। ফোনের সেই কণ্ঠটা বারবার ফিরে আসছে। "সবকিছু এত সহজ না"—এই কথাটার ভেতরে একটা চ্যালেঞ্জ আছে, একটা ইঙ্গিতও। আরহান বুঝল—পালিয়ে থাকলে এই ছায়া বারবার ফিরে আসবে। তাকে একবার সামনে দাঁড়াতে হবে।

সে ফোন বের করে সেই নম্বরে কল ব্যাক করল। কয়েকবার রিং হওয়ার পর কল ধরল।

"দেখা করতে চাই," আরহান বলল।

ওপাশে হালকা হাসি, "ভেবেছিলাম তুমি নিজেই বলবে।"

লোকেশন ঠিক হলো—শহরের এক নির্জন জায়গা, পুরোনো এক রেস্টুরেন্ট।

কল কেটে দিয়ে আরহান কিছুক্ষণ চুপ করে বসে রইল। ভয় আছে, কিন্তু এবার সে সেটা এড়িয়ে যাচ্ছে না। সে জানে—এই দেখা শুধু একটা মানুষের সাথে না, নিজের অতীতের সাথেও।

পার্ট ২: অপেক্ষার ভেতর সাহস

বিকেলে সে গলির দিকে হাঁটল, কিন্তু আজ তার ভেতরে আগের মতো হালকা ভাব নেই। তবু সে গেল। দরজার সামনে এসে নক করতেই সায়রা দরজা খুলল। একবার তাকিয়েই সে বুঝে গেল—আজ কিছু আলাদা।

"কিছু হয়েছে?"

আরহান বলল, "হ্যাঁ··· আজ একটা জায়গায় যেতে হবে।"

"কোথায়?"

"অতীতের দিকে।"

কথাটা শুনে সায়রা চুপ করে রইল।

তারপর ধীরে বলল, "যাবেন?"

“যাব,” আরহান বলল।

ভেতরে ঢুকে সে বসে। আজ চা খেয়েও তার মন বসছে না।

সে ধীরে বলল, “আমি আগে সবকিছু এড়িয়ে যেতাম। কিন্তু এবার… পালাতে চাই না।”

সায়রা তার দিকে তাকাল।

“পালালে কি শেষ হয়?”

“না,” আরহান বলল, “শুধু পিছিয়ে যায়।”

সায়রা মাথা নাড়ল।

“তাহলে যান,” সে বলল, “শেষ করে আসুন।”

কথাটা খুব সহজ, তবু এর ভেতরে একটা বিশ্বাস আছে।

পার্ট ৩: পাশে থাকা, দূরে থেকেও

বের হওয়ার সময় আরহান একটু থামল।

আজ সে স্বাভাবিকভাবে বলতে পারল না—“আমি কাল আসব।”

তার বদলে বলল, “আমি ফিরে আসব।”

সায়রা একটু হাসল।

“আমি থাকব,” সে বলল।

এই কথাটা আজ অন্যরকম।

এটা শুধু অভ্যাস না, একটা ভরসা।

আরহান গলি থেকে বের হয়ে গাড়িতে উঠল। শহরের আলো জ্বলছে, রাস্তা ব্যস্ত। কিন্তু তার ভেতরে একটা অদ্ভুত শান্তি। ভয় এখনো আছে, কিন্তু সেটা তাকে নিয়ন্ত্রণ করছে না।

সে বুঝল—

ভয় থেকে পালানো আর ভয়কে সামনে থেকে দেখা—দুটো আলাদা জিনিস।

আজ সে দ্বিতীয়টা বেছে নিয়েছে।

গাড়ি ধীরে সেই নির্জন জায়গার দিকে এগোচ্ছে।

পুরোনো রেস্টুরেন্ট সামনে দেখা যাচ্ছে।

সে গাড়ি থামাল।

কিছুক্ষণ বসে রইল।

তারপর দরজা খুলে নামল।

কারণ কিছু গল্প আছে,

যেগুলো শেষ না করলে

নতুন গল্প শুরু হয় না।

আর আজ

সে নিজের গল্পের সেই অসমাপ্ত অধ্যায়ের

মুখোমুখি হতে যাচ্ছে।

অধ্যায় ২৯: শেষ না হওয়া হিসাব

পার্ট ১: পুরোনো জায়গা, নতুন মানুষ

রেস্টুরেন্টটা বাইরে থেকে খুব সাধারণ। পুরোনো দেয়াল, ম্লান আলো, ভেতরে কম লোক। এই জায়গাটা একসময় তার কাছে গুরুত্বহীন ছিল, আজ মনে হচ্ছে—এখানেই কিছু শেষ হবে। আরহান দরজা ঠেলে ভেতরে ঢুকল। এক কোণের টেবিলে বসে আছে সেই মানুষটা। মুখটা পুরো দেখা যায় না, তবু কণ্ঠের মতোই চেনা। সে এগিয়ে গিয়ে সামনে বসে পড়ল। কিছুক্ষণ কেউ কিছু বলল না। এই নীরবতার ভেতরে পুরোনো দিনের গন্ধ আছে।

লোকটা প্রথমে কথা বলল, “তুমি বদলেছো।”

আরহান সরাসরি বলল, “হ্যাঁ।”

“আগে তুমি এত শান্ত ছিলে না।”

“আগে আমার ভেতরে শান্তি ছিল না,” আরহান বলল।

কথাগুলো খুব ছোট, কিন্তু অবস্থান পরিষ্কার।

লোকটা হালকা হাসল। “সবকিছু এত সহজ ভাবছো?”

আরহান বলল, “সহজ না। তবু জটিল করে রাখার দরকার নেই।”

পার্ট ২: মুখোশ খুলে যাওয়া সত্য

লোকটা সামনে ঝুঁকে বলল, “তুমি কি ভাবছো, সব শেষ হয়ে গেছে? তোমার অতীত, তোমার ভুল—সব?”

আরহান চুপ করে শুনল।

“তুমি পালিয়ে গেছো, তাই না?”

এই কথাটার ভেতরে অভিযোগ আছে।

আরহান এবার সরাসরি তাকাল।

“আমি পালাইনি। আমি ছেড়ে দিয়েছি,” সে বলল।

কথাটা শুনে লোকটা একটু থামল।

“পার্থক্য কী?”

“পালালে ভয় থাকে, ছেড়ে দিলে থাকে না।”

এই কথাটা বলার সময় আরহানের কণ্ঠে কোনো উত্তেজনা নেই। শুধু স্থিরতা।

লোকটা কিছুক্ষণ চুপ করে থাকল। তারপর বলল, “তুমি জানো, তোমার যা আছে—সবকিছু আবার ভেঙে যেতে পারে?”

আরহান মাথা নাড়ল। "জানি।"

"তবু ভয় পাচ্ছো না?"

"পাচ্ছি," সে বলল, "কিন্তু এবার ভয় আমাকে থামাচ্ছে না।"

এই স্বীকারোক্তিটা ছোট, কিন্তু সত্যি।

পার্ট ৩: শেষ কথার পর শুরু

রেস্টুরেন্টের ভেতরে আলো আরও ম্লান হয়ে এসেছে।

কথা ধীরে ধীরে শেষের দিকে যাচ্ছে।

লোকটা বলল, "তুমি কি সত্যি মনে করো, নতুন করে শুরু করা এত সহজ?"

আরহান একটু হেসে বলল, "না। কিন্তু অসম্ভবও না।"

কথাটা শুনে লোকটা আর কিছু বলল না।

এই নীরবতাই উত্তর।

আরহান চেয়ার থেকে উঠে দাঁড়াল।

"আমি আর এই জায়গায় ফিরে আসব না," সে বলল।

এই কথাটা শুধু জায়গার জন্য না—পুরো অতীতের জন্য।

লোকটা কিছু বলল না।

কারণ এখানে আর বলার কিছু নেই।

আরহান ধীরে দরজার দিকে হাঁটল।

বাইরে রাত নেমেছে। শহরের আলো জ্বলছে।

সে একবারও পেছনে তাকাল না।

কারণ এবার সত্যিই তার কিছু বাকি নেই।

পার্ট ৪: ফিরে আসা, কিন্তু নতুনভাবে

গাড়িতে উঠে সে কিছুক্ষণ চুপ করে বসে থাকল।

তার ভেতরে কোনো ভার নেই।

কোনো অস্থিরতাও নেই।

সে ফোন বের করল।

মেসেজ টাইপ করল—

“আমি ফিরে আসছি।”

সেন্ড করল না, আবার মুছলও না।

কিছুক্ষণ স্ক্রিনের দিকে তাকিয়ে থাকল।

তারপর ফোনটা রেখে দিল।

কারণ কিছু কথা বলার দরকার হয় না,

কেউ না বললেও বুঝে যায়।

গাড়ি স্টার্ট হলো।

সে সেই গলির দিকে ফিরছে।

এবার সে জানে—

এই ফেরা পালানো না,

এই ফেরা তার নিজের জায়গায়।

আর অনেকদিন পর

সে সত্যি সত্যিই

ফিরে আসছে।

অধ্যায় ৩০: ফিরে আসা মানে থাকা

পার্ট ১: পথের ভেতর শান্তি

গাড়িটা ধীরে ধীরে শহরের ভিড় পেরিয়ে সেই চেনা গলির দিকে এগোচ্ছে। রাত নেমেছে, তবু বাতাসে একটা অদ্ভুত স্বস্তি। আরহান স্টিয়ারিংয়ে হাত রেখে বুঝতে পারছিল—আজ তার ভেতরে কোনো অস্থিরতা নেই। কিছুক্ষণ আগেও যে মানুষটা তার অতীতের সামনে দাঁড়িয়ে ছিল, এখন সে সেই মানুষটা না। যেন একটা ভারী দরজা বন্ধ হয়ে গেছে, আর অন্য একটা দরজা খুলে গেছে—নরম, আলোভরা।

সে গাড়ি থামাল গলির মুখে। বাকি পথটা হাঁটতে ইচ্ছে করল। হাঁটতে হাঁটতে সে খেয়াল করল—আজ তার পা হালকা। আগে এই পথটা ছিল একটা টান, এখন এটা একটা অভ্যাসের মতো। অভ্যাস, যেটা তাকে ক্লান্ত করে না, বরং ঠিক করে।

তার মনে হলো—ফিরে আসা মানে শুধু জায়গায় ফেরা না, নিজের কাছে ফেরা।

পার্ট ২: দরজার ওপারে অপেক্ষা

দরজার সামনে এসে সে কিছুক্ষণ দাঁড়িয়ে রইল। ভেতর থেকে আলো বেরোচ্ছে। খুব সাধারণ একটা আলো, তবু অদ্ভুত উষ্ণ। সে নক করল।

দরজা খুলল সায়রা।

একবার তাকিয়েই সে বুঝে গেল—আজ সব ঠিক।

"আপনি ফিরে এসেছেন," সে বলল।

কথাটা খুব সহজ, তবু ভেতরে অনেক কিছু।

আরহান হালকা হাসল। "হ্যাঁ।"

সে ভেতরে ঢুকল।

ঘরের ভেতর সবকিছু আগের মতোই—টেবিল, চেয়ার, জানালা, আলো।

তবু আজ সবকিছু আলাদা লাগে।

"সব ঠিক?" সায়রা জিজ্ঞেস করল।

আরহান একটু থামল, তারপর বলল, "হ্যাঁ… এবার সত্যি।"

এই 'এবার সত্যি' কথাটার ভেতরে একটা শেষ আছে, আর একটা শুরু।

পার্ট ৩: নীরবতার ভেতর পূর্ণতা

তারা বসে।

আজ কোনো বড় কথা নেই, তবু অনেক কিছু বলা হয়ে যাচ্ছে।

সায়রা চা এনে সামনে রাখে।

“চিনি ঠিক?”

আরহান বলে, “যেমন তুমি দাও।”

এই কথাটা এখন আর নতুন না, তবু প্রতিবার আলাদা লাগে।

কিছুক্ষণ তারা চুপ করে থাকে।

এই চুপটা এখন পুরো ভরাট।

আরহান ধীরে বলল, “আমি আজ সবকিছুর সামনে দাঁড়িয়েছিলাম।”

সায়রা তাকাল।

“তারপর?”

“তারপর বুঝলাম, ভয়টা আমার ভেতরেই ছিল। বাইরে না।”

কথাটা খুব সহজ, কিন্তু তার ভেতরে একটা মুক্তি আছে।

সায়রা হালকা হাসল।

"তাহলে এখন?"

"এখন আমি আর ভয় পাই না," আরহান বলল, "কারণ আমি একা না।"

এই কথাটা বলার সময় সে সায়রার দিকে তাকাল।

এই তাকানোটা আগের মতো না—এতে নিশ্চিততা আছে।

পার্ট ৪: শব্দের বাইরে প্রতিশ্রুতি

বাইরে রাত আরও গভীর হয়েছে।

ঘরের ভেতর আলো নরম।

আরহান ধীরে বলল, "আমি আগে ভাবতাম, ঘর মানে একটা জায়গা। এখন বুঝছি, ঘর মানে মানুষ।"

সায়রা কিছু বলল না।

শুধু তার দিকে তাকিয়ে রইল।

এই না-বলাটাই উত্তর।

কিছুক্ষণ পর আরহান বলল, "আমি থাকব।"

কথাটা ছোট, তবু গভীর।

সায়রা হালকা মাথা নাড়ল।

"আমি আছি," সে বলল।

এই দুইটা বাক্যের ভেতরে কোনো বড় প্রতিশ্রুতি নেই, তবু সব আছে।

পার্ট ৫: গল্পের ভেতর নতুন শুরু

রাত আরও গভীর হয়।

কথা ধীরে ধীরে থেমে যায়।

কিন্তু এই থেমে যাওয়াটা শেষ না—এটা একটা নতুন শুরুর মতো।

আরহান জানালার বাইরে তাকায়।

আকাশে তারা কম, তবু আলো আছে।

সে বুঝতে পারে—

জীবন সবসময় নিখুঁত হয় না,

তবু ঠিক হতে পারে।

কারণ শেষ পর্যন্ত,

মানুষ যা খুঁজে—

তা হলো একটা জায়গা,

যেখানে সে থাকতে পারে,

যেখানে সে নিজে হতে পারে।

আর আজ

সে সেই জায়গাটা খুঁজে পেয়েছে।

একটা ছোট ঘর,

একটা নরম আলো,

আর একজন মানুষ—

যার পাশে দাঁড়িয়ে সে বলতে পারে,

“আমি আর একা না।”

গল্পটা এখানে শেষ না,

এখান থেকেই শুরু।

অধ্যায় ৩১: প্রস্তাব, খুব ধীরে বলা

পার্ট ১: সিদ্ধান্তের ভেতর নরম ভয়

সকালের আলোটা আজ একটু অন্যরকম। আরহান জানালার সামনে দাঁড়িয়ে ছিল, কিন্তু আজ সে শুধু বাইরে তাকাচ্ছিল না—নিজের ভেতরেও তাকাচ্ছিল। গত কয়েকদিনে অনেক কিছু বদলেছে, কিন্তু আজ যে সিদ্ধান্তটা সে নিতে যাচ্ছে, সেটা আলাদা।

ভয় আছে—হারানোর ভয় না, বরং ঠিকভাবে বলার ভয়।

সে নিজেকে বলল, "সবকিছু নিখুঁত বলতে হবে না, সত্যি বললেই হবে।"

অফিসে গিয়ে সে কাজ করল ঠিকই, কিন্তু মন পুরোটা সেখানে ছিল না। একটা মিটিংয়ে বসে ক্লায়েন্ট কথা বলছিল, আরহান শুনছিল—কিন্তু তার মাথায় অন্য কথা।

"মানুষ কি সবসময় সঠিক সময়েই সঠিক কথা বলে?"

উত্তর এল—না।

তবু সে ঠিক করল—আজ সে বলবে।

পার্ট ২: সেই চেনা দরজা, আজ অন্যরকম

বিকেলে সে গলির দিকে হাঁটল। আজ তার হাঁটা ধীর। যেন প্রতিটা পদক্ষেপে সে নিজেকে একটু একটু করে প্রস্তুত করছে। দরজার সামনে এসে সে কয়েক সেকেন্ড দাঁড়িয়ে রইল। তারপর নক করল।

সায়রা দরজা খুলল।

একবার তাকিয়েই সে বুঝল—আজ কিছু আলাদা।

“আপনি কিছু ভাবছেন,” সে বলল।

আরহান হালকা হাসল, “হ্যাঁ।”

ভেতরে ঢুকে তারা বসে।

আজ ঘরের ভেতর সব আগের মতোই, তবু মুহূর্তটা আলাদা।

চা আসে।

কথা শুরু হয় না।

এই নীরবতাটা আজ অপেক্ষার।

পার্ট ৩: খুব ছোট করে বলা বড় কথা

আরহান ধীরে বলল, “আমি আগে কখনো কাউকে এভাবে কিছু বলতে যাইনি।”

সায়রা চুপ করে শুনছে।

“তাই ঠিক কীভাবে বলব, জানি না,” সে বলল।

সে একটু থামল।

তারপর খুব সহজভাবে বলল,

"তুমি··· আমার সাথে থাকতে পারবে?"

কথাটা খুব ছোট।

তবু এর ভেতরে সব আছে।

ঘরের ভেতর নীরবতা।

কোনো নাটক নেই, কোনো তাড়াহুড়ো নেই।

সায়রা নিচের দিকে তাকিয়ে রইল কিছুক্ষণ।

তারপর ধীরে বলল, "থাকা মানে শুধু পাশে থাকা না··· বুঝে থাকা।"

আরহান বলল, "আমি শিখছি।"

এই কথাটা খুব গুরুত্বপূর্ণ।

কারণ সে প্রতিশ্রুতি দিচ্ছে না, সে সত্যি বলছে।

পার্ট ৪: সম্মতি, শব্দ ছাড়াই

সায়রা মাথা তুলে তাকাল।

তার চোখে কোনো দ্বিধা নেই, আবার কোনো তাড়াও নেই।

“আপনি যদি সত্যি থাকেন,” সে বলল, “তাহলে আমি থাকব।”

এই কথাটা সরাসরি ‘হ্যাঁ’ না, তবু সবচেয়ে বড় ‘হ্যাঁ’।

আরহান কিছু বলল না।

তার দরকারও নেই।

কারণ সে বুঝে গেছে।

পার্ট ৫: নতুন শুরু, খুব নরমভাবে

বাইরে সন্ধ্যা নামছে।

ঘরের ভেতর আলো নরম।

দু'জনই চুপ করে বসে আছে।

এই চুপটা আজ অন্যরকম—এতে ভবিষ্যৎ আছে।

আরহান ধীরে বলল, "আমার জীবনে অনেক কিছু ছিল, কিন্তু এটা··· ছিল না।"

সায়রা হালকা হাসল।

"এগুলো পাওয়া যায়, বানানো যায় না," সে বলল।

কথাটা শুনে আরহান বুঝল—সে সত্যিই কিছু পেয়েছে।

বের হওয়ার সময় সে দরজার সামনে দাঁড়িয়ে বলল না "আমি কাল আসব।"

আজ সে শুধু বলল, "আমি আছি।"

সায়রা বলল, "আমি জানি।"

এই 'জানি' শব্দটা আজ পুরো গল্পের মতো।

গলি থেকে বের হয়ে আরহান আকাশের দিকে তাকাল।

আজ আকাশ আগের মতোই, তবু তার কাছে নতুন।

কারণ আজ তার জীবনে

একটা নতুন অধ্যায় শুরু হলো—

কোনো বড় ঘোষণা ছাড়া,

কোনো শব্দের ঝড় ছাড়া,

শুধু একটা নরম প্রস্তাব দিয়ে।

আর এই নরম শুরুটাই

সবচেয়ে শক্তিশালী।

অধ্যায় ৩২: সংসার শুরু, খুব নীরবে

পার্ট ১: সকাল, যেখানে দু'জন

বিয়েটা খুব নীরবে হলো। কোনো বড় আয়োজন না, কোনো আলোর ঝলক না—কেবল কিছু মানুষ, কিছু দোয়া, আর খুব সহজ একটা ‘কবুল’ ।সবকিছু শেষ হয়ে যাওয়ার পরও আরহানের মনে হচ্ছিল—কিছু শুরু হলো।

পরদিন সকালে ঘুম ভাঙতেই সে বুঝল—তার জীবনে সত্যিই পরিবর্তন এসেছে। পাশে তাকাতেই সায়রাকে দেখল। ঘুমের মধ্যে মুখটা খুব শান্ত। মাথার ওড়নাটা একটু সরে গেছে। এই দৃশ্যটা এমন, যেটা কোনো বড় অর্জনের মতো না, তবু অদ্ভুতভাবে পূর্ণ।

আরহান ধীরে উঠে বসে। কোনো শব্দ করতে চায় না।

তার মনে হয়—এই মুহূর্তটা যদি একটু বেশি সময় ধরে রাখা যেত।

পার্ট ২: ছোট ছোট কাজ, বড় অনুভূতি

সায়রা ধীরে উঠে বসে। চোখে ঘুম, তবু মুখে সেই চেনা কোমলতা।

“আপনি উঠেছেন?”

“হ্যাঁ,” আরহান বলে।

এই ‘আপনি’ এখনো বদলায়নি। তারা দু’জনেই তাড়াহুড়ো করে কিছু বদলাতে চায় না।

সায়রা উঠে রান্নাঘরের দিকে যায়।

“চা বানাবো?”

আরহান একটু থেমে বলে, “আজ আমি বানাই।”

সে নিজেই অবাক হয়।

এই মানুষটা আগে কখনো রান্নাঘরে দাঁড়ায়নি।

চুলা জ্বালাতে গিয়ে সে একটু অস্বস্তিতে পড়ে।

চা বানানো খুব কঠিন কিছু না, তবু তার জন্য নতুন।

পেছনে তাকিয়ে দেখে—সায়রা দরজার পাশে দাঁড়িয়ে চুপচাপ দেখছে।

“হাসছো?”

“না,” সায়রা বলে, “দেখছি।”

এই ‘দেখছি’ কথাটার ভেতরে কোনো হাসি নেই, তবু উষ্ণতা আছে।

চা হয়ে গেলে দু’জন একসাথে বসে।

কাপ থেকে ধোঁয়া উঠছে।

এই দৃশ্যটা খুব সাধারণ, তবু আরহানের কাছে নতুন একটা পৃথিবী।

পার্ট ৩: সংসার মানে অভ্যাস নয়, বোঝা

দিনটা ধীরে ধীরে এগোয়।

একসাথে খাওয়া, কথা বলা, ঘর গুছানো—সবকিছুতেই একটা নতুনত্ব।

আরহান খেয়াল করে—এই ছোট ছোট কাজগুলোর ভেতরেই একটা অদ্ভুত শান্তি আছে।

কোনো বড় কিছু না, তবু ভালো লাগা আছে।

"আপনি কি কখনো ভাবতেন, এমন হবে?" সায়রা জিজ্ঞেস করে।

আরহান একটু ভেবে বলে, "না।"

"এখন?"

"এখন মনে হচ্ছে, এটাই ঠিক ছিল।"

কথাটা বলার সময় তার কণ্ঠে কোনো নাটক নেই।

শুধু সত্যি।

পার্ট ৪: ভালোবাসা, খুব সাধারণভাবে

বিকেলে তারা দু'জন একসাথে বাইরে বের হলো।

গলির রাস্তা, ছোট দোকান, মানুষজন—সব আগের মতোই।

তবু আজ সবকিছু অন্যরকম লাগে।

সায়রা হঠাৎ বলল, "আপনি এখন কম চুপ থাকেন।"

আরহান হাসল, "তুমি কথা বলো বলে।"

কথাটা খুব ছোট, তবু কোথাও গিয়ে লাগে।

হাঁটতে হাঁটতে তারা একটা পুকুরের ধারে বসে।

বাতাসে ঠান্ডা ভাব।

পানিতে আলো পড়ছে।

কিছুক্ষণ কেউ কিছু বলে না।

এই চুপটা এখন আর ফাঁকা না—এতে ভালো লাগা আছে।

পার্ট ৫: নতুন জীবনের প্রথম অনুভূতি

বাড়ি ফিরে আসার পর সন্ধ্যা নামে।

ঘরের ভেতর আলো জ্বলে।

আরহান চুপ করে বসে থাকে।

তার মনে হয়—এই ঘরটা ছোট, তবু এখানে জায়গা আছে।

সায়রা পাশে বসে।

কোনো কথা বলে না।

কিছুক্ষণ পর আরহান ধীরে বলে,

"আমি আগে অনেক বড় জায়গায় থেকেছি… কিন্তু এমন লাগেনি।"

সায়রা তাকায়।

"কেমন?"

"পূর্ণ," আরহান বলে।

একটু ভালোবাসা ধার দিবে

এই একটা শব্দই যথেষ্ট।

সায়রা হালকা হাসে।

কিছু বলে না।

কারণ কিছু অনুভূতি

শুধু বোঝা যায়, বলা যায় না।

রাত ধীরে নামে।

ঘরের ভেতর নরম আলো।

আরহান বুঝতে পারে—

সংসার মানে শুধু একসাথে থাকা না,

সংসার মানে একে অপরের ভেতরে জায়গা করে নেওয়া।

আর আজ

সে সেই জায়গাটা পেয়েছে।

▯ অধ্যায় ৩৩: ঘরের ভেতর নতুন আলো

পার্ট ১: সাধারণ সকালের ভেতর আলাদা কিছু

সকালে উঠেই আরহান খেয়াল করল—ঘরটা আগের দিনের মতোই, তবু আলাদা। জানালার পর্দা দিয়ে আলো ঢুকছে, টেবিলে রাখা কাপ, পাশে ভাঁজ করে রাখা ওড়না—সবকিছু খুব সাধারণ। তবু এই সাধারণ জিনিসগুলোতেই একটা নতুন অর্থ আছে।

সায়রা তখন নামাজ পড়ছে। তার কণ্ঠে দোয়ার শব্দ খুব নরম, তবু ঘরের ভেতর ছড়িয়ে যাচ্ছে। আরহান চুপ করে দাঁড়িয়ে রইল। সে আগে কখনো এভাবে কাউকে দেখেনি—এত শান্ত, এত নিরাভরণ।

তার মনে হলো—শান্তি আসলে শব্দ করে না, চুপ করেই থাকে।

পার্ট ২: দিনের ছোট ছোট নিয়ম

নামাজ শেষ করে সায়রা ফিরে তাকাল।

“আপনি উঠে গেছেন?”

“হ্যাঁ,” আরহান বলল।

এই ছোট ছোট কথাগুলো এখন তাদের দিনের শুরু।

রান্নাঘরে দু'জন একসাথে দাঁড়াল।

আজ আরহান নিজে থেকেই বলল, "আজ আমি ডালটা করব।"

সায়রা একটু অবাক হয়ে তাকাল।

"আপনি পারবেন?"

"শিখছি," সে বলল।

চুলার সামনে দাঁড়িয়ে সে বুঝল—সংসার মানে শুধু ভালোবাসা না, দায়িত্বও।

এই দায়িত্বটা তার কাছে নতুন, তবু সে ভয় পাচ্ছে না।

সায়রা পাশে দাঁড়িয়ে সাহায্য করছে, কিন্তু কিছু বলছে না।

এই না-বলাটাও এক ধরনের ভরসা।

পার্ট ৩: বাইরে পৃথিবী, ভেতরে ঘর

দুপুরে আরহান অফিসে গেল।

কাজ করছে, কথা বলছে, সিদ্ধান্ত নিচ্ছে—সব আগের মতোই।

তবু মাঝে মাঝে তার মাথায় একটা দৃশ্য ফিরে আসে—সায়রা রান্নাঘরে দাঁড়িয়ে, চুলার আগুনে আলো পড়ছে তার মুখে।

সে বুঝতে পারে—এখন তার জীবনে একটা জায়গা আছে, যেখানে সে ফিরে যেতে চায়।

একজন সহকারী এসে বলল, "স্যার, আজ আপনি খুব চুপ।"

আরহান হালকা হাসল।

"ভেতরে কথা হচ্ছে," সে বলল।

সহকারী বুঝল না।

তবু মাথা নাড়ল।

পার্ট ৪: অপেক্ষা, খুব নরমভাবে

বিকেলে অফিস থেকে বের হয়ে সে দ্রুত হাঁটল না।

তবু তার পা নিজে থেকেই গলির দিকে চলে গেল।

দরজার সামনে এসে দাঁড়াতেই ভেতর থেকে সায়রা দরজা খুলল।

"আপনি এসেছেন," সে বলল।

এই কথাটার ভেতরে কোনো প্রশ্ন নেই, তবু একটা অপেক্ষা আছে।

"হ্যাঁ," আরহান বলল।

ভেতরে ঢুকে সে দেখল—ঘরটা গুছানো, বাতাসে রান্নার গন্ধ।

সবকিছু খুব স্বাভাবিক, তবু তার কাছে নতুন।

পার্ট ৫: ভালোবাসা, খুব চুপচাপ

সন্ধ্যায় তারা দু'জন জানালার পাশে বসে ছিল।

কথা খুব কম।

তবু সময় কেটে যাচ্ছে।

সায়রা হঠাৎ বলল, "আপনি কি খুশি?"

আরহান একটু ভেবে বলল, "হ্যাঁ··· এখন খুশি হওয়া সহজ লাগে।"

কথাটা বলার সময় তার কণ্ঠে কোনো দ্বিধা নেই।

সায়রা হালকা হাসল।

“খুশি হওয়া শিখে ফেলেছেন,” সে বলল।

আরহান মাথা নাড়ল।

“তোমার সাথে,” সে ধীরে বলল।

এই কথাটা খুব ছোট, তবু পুরো।

সায়রা কিছু বলল না।

শুধু তাকিয়ে রইল।

এই তাকানোতেই সব উত্তর আছে।

রাত নামতে থাকে।

ঘরের ভেতর আলো জ্বলে।

আরহান বুঝতে পারে—

ভালোবাসা সবসময় বড় করে আসে না,

কখনো কখনো

একটু ভালোবাসা ধার দিবে

এভাবে চুপচাপ এসে

ঘর ভরে দেয়।

আর তখন

মানুষ বুঝতে পারে—

সে ঠিক জায়গায় আছে।

অধ্যায় ৩৪: পরিবারের দরজা

পার্ট ১: একটি ফোন, অনেক দিন পরে

সকালটা স্বাভাবিকভাবেই শুরু হয়েছিল। সায়রা রান্নাঘরে, আরহান টেবিলে বসে চা খাচ্ছে। ঠিক তখনই ফোনটা বেজে উঠল। স্ক্রিনে নামটা দেখে সে কিছুক্ষণ থেমে রইল— অনেকদিন পর বাড়ি থেকে কল।

সে রিসিভ করল। ওপাশে তার সৎ মা। কণ্ঠে আগের মতো কঠোরতা নেই, তবু দূরত্ব আছে।

"তুমি কেমন আছো?"

প্রশ্নটা খুব সাধারণ। তবু এর ভেতরে অনেক অপ্রকাশিত কথা।

আরহান বলল, "ভালো আছি।"

"শুনলাম তুমি… বিয়ে করেছো?"

সে একটু থামল। "হ্যাঁ।"

ওপাশে কয়েক সেকেন্ড নীরবতা। তারপর, "একদিন নিয়ে আসো।"

কলটা কেটে যাওয়ার পর আরহান কিছুক্ষণ চুপ করে বসে রইল।

এই 'নিয়ে আসো' কথাটা খুব ছোট, তবু এর ভেতরে একটা দরজা খোলার শব্দ আছে।

পার্ট ২: বলা, একটু দ্বিধা নিয়ে

সায়রা চা এনে সামনে রাখল।

"কী হয়েছে?"

আরহান বলল, "বাড়ি থেকে ফোন ছিল।"

"হুম…"

"ওরা দেখতে চায়… আমাদের।"

সায়রা একটু থামল।

তার মুখে কোনো ভয় নেই, তবু অজানা একটা ভাব।

"আপনি যাবেন?"

"যাব," আরহান বলল।

"তাহলে আমিও যাব," সায়রা শান্তভাবে বলল।

এই সহজ কথাটার ভেতরে সাহস আছে।

পার্ট ৩: পুরোনো পথে ফেরা, নতুন মানুষ নিয়ে

পরদিন তারা রওনা হলো।

গাড়ির ভেতরে খুব বেশি কথা হলো না।

তবু নীরবতাটা ভারী না—শুধু ভাবনার।

বাড়ির সামনে এসে গাড়ি থামতেই আরহানের মনে হলো—এই জায়গাটা তার কাছে একসময় সব ছিল, আবার কিছুই ছিল না।

আজ সে একা না।

গেট খুলে তারা ভেতরে ঢুকল।

সবকিছু আগের মতোই—দেয়াল, বাগান, বারান্দা।

তবু আজ সে অন্য চোখে দেখছে।

পার্ট ৪: প্রথম দেখা, অচেনা উষ্ণতা

ড্রইংরুমে বসে আছে তার সৎ মা।

পাশে তার সৎ ভাই।

সবাই চুপ।

সায়রা ধীরে বলল, "আসসালামু আলাইকুম।"

তার কণ্ঠ খুব নরম, তবু স্পষ্ট।

কেউ সাথে সাথে উত্তর দিল না, তারপর ধীরে তার সৎ মা বললেন, "ওয়ালাইকুম আসসালাম।"

এই ছোট উত্তরটাই অনেক বড়।

কিছুক্ষণ নীরবতা।

তারপর সৎ মা বললেন, “বসো।”

সায়রা শান্তভাবে বসে।

তার আচরণে কোনো ভয় নেই, কোনো বাড়াবাড়িও না—শুধু সম্মান।

আরহান খেয়াল করল—এই ঘরে প্রথমবার কেউ এত সহজভাবে বসে আছে।

পার্ট ৫: বদলে যাওয়া চোখ

কথা ধীরে শুরু হলো।

খুব সাধারণ প্রশ্ন—কোথায় থাকো, কী করো, কেমন আছো।

সায়রা উত্তর দিচ্ছে খুব সহজভাবে।

কোনো প্রমাণের চেষ্টা নেই, কোনো অস্বস্তিও না।

কিছুক্ষণ পর তার সৎ মা চুপ করে সায়রার দিকে তাকিয়ে বললেন,

“তুমি নামাজ পড়ো?”

সায়রা মাথা নাড়ল, “জি।”

এই একটা প্রশ্নের পর ঘরের পরিবেশ একটু বদলে গেল।

কঠোরতা কমে এল।

আরহান বুঝল—এই ঘরে অনেকদিন পর নরম কিছু ঢুকেছে।

পার্ট ৬: ভেতরের অদ্ভুত শান্তি

বাড়ি থেকে বের হওয়ার সময় সৎ মা বললেন,

"আবার আসবে।"

কথাটা খুব ছোট, তবু এর ভেতরে স্বীকৃতি আছে।

গাড়িতে উঠে আরহান কিছুক্ষণ চুপ করে রইল।

তার ভেতরে কোনো ভার নেই।

সে সায়রার দিকে তাকিয়ে বলল,

"তুমি খুব সহজ করে দিলে।"

সায়রা হালকা হাসল,

"সবকিছু সহজই ছিল, আমরা জটিল করেছিলাম।"

কথাটা শুনে আরহান বুঝল—

কিছু দরজা জোর করে খোলা যায় না,

কিন্তু সঠিক মানুষ থাকলে

নিজে থেকেই খুলে যায়।

গাড়ি ধীরে এগোতে থাকে।

পেছনে ফেলে আসে পুরোনো একটা বাড়ি,

আর সামনে এগোয় নতুন একটা জীবন।

আরহান মনে মনে ভাবল—

পরিবার শুধু রক্তে হয় না,

কখনো কখনো

মন দিয়েও তৈরি হয়।

অধ্যায় ৩৫: নীরব ঝড়

পার্ট ১: শান্ত দিনের ভেতর অশান্তির আভাস

সকালটা খুব সাধারণভাবে শুরু হয়েছিল। সায়রা রান্নাঘরে, আরহান টেবিলে বসে চা খাচ্ছিল। বাতাসে একটা নরম স্বস্তি। হঠাৎ দরজায় কড়া নাড়ার শব্দ। এমন সময় কেউ আসে না। আরহান দরজা খুলতেই দেখল—একজন দাঁড়িয়ে। চোখে অচেনা, তবু ভেতরে কোথাও চেনা একটা অস্বস্তি।

লোকটা হালকা হাসল, "আমাকে চিনতে পারছো?"

আরহান কিছুক্ষণ তাকিয়ে থেকে বলল, "না।"

লোকটা ধীরে বলল, "চেনার দরকার নেই, মনে রাখলেই চলবে।"

কথাটা বলে সে একটা খাম এগিয়ে দিল।

"এটা দেখে নিও।"

তারপর চলে গেল।

দরজা বন্ধ করে আরহান কিছুক্ষণ দাঁড়িয়ে রইল। খামটা খুলবে কি খুলবে না—এই দ্বিধা।

শেষ পর্যন্ত খুলল। ভেতরে কিছু ছবি। পুরোনো, অন্ধকার, আর অস্বস্তিকর। তার বাবার সেই দিনের ছায়া, যেটা সে ভুলে যেতে চেয়েছিল।

তার হাত একটু কাঁপল।

অতীত আবার ফিরে এসেছে।

পার্ট ২: লুকোনো চেষ্টা, বোঝা চোখ

সায়রা পাশে এসে দাঁড়াল।

“কে ছিল?”

আরহান দ্রুত খামটা ভাঁজ করে বলল, “কেউ না।”

কথাটা খুব সহজভাবে বলল, কিন্তু চোখে সেই স্বাভাবিকতা নেই।

সায়রা কিছু বলল না।

শুধু তাকিয়ে রইল।

এই তাকানোতেই প্রশ্ন আছে, আবার ধৈর্যও আছে।

“আপনি কিছু লুকাচ্ছেন,” সে ধীরে বলল।

আরহান একটু থামল।

তারপর বলল, “সব কথা সবসময় বলা যায় না।”

সায়রা মাথা নাড়ল।

“ঠিক,” সে বলল, “কিন্তু না বললে বোঝা কমে না।”

কথাটা নরম, তবু সরাসরি।

আরহান চুপ করে গেল।

পার্ট ৩: ভয়, এবার একা না

দুপুরে অফিসে গিয়েও সে কাজের মধ্যে মন বসাতে পারল না। ফাইল খুলছে, আবার বন্ধ করছে। মাথার ভেতরে সেই ছবিগুলো ঘুরছে।

একসময় সে চেয়ার ছেড়ে উঠে দাঁড়াল। জানালার সামনে গিয়ে দাঁড়াল।

সে বুঝল—এই ঝড়টা আবার আসছে।

কিন্তু এবার একটা পার্থক্য আছে।

সে একা না।

বিকেলে সে তাড়াতাড়ি বাড়ি ফিরে এল। দরজা খুলতেই সায়রাকে দেখল।

সে কিছু জিজ্ঞেস করল না।

শুধু বলল, “চা বানিয়ে দিই?”

এই ছোট প্রশ্নটাই আরহানের জন্য যথেষ্ট ছিল।

পার্ট ৪: বলা, খুব ধীরে

চা নিয়ে বসার পর অনেকক্ষণ কেউ কিছু বলল না।

তারপর আরহান নিজেই বলল, “আমার অতীত… পুরো শেষ হয়নি।”

সায়রা চুপ করে শুনল।

“কিছু জিনিস আছে, যেগুলো আবার ফিরে আসে,” সে বলল।

“তাহলে এবার পালাবেন?”

প্রশ্নটা শান্ত, কিন্তু গভীর।

আরহান মাথা নাড়ল, “না।”

“তাহলে বলুন,” সায়রা বলল।

এই ‘বলুন’ শব্দটার ভেতরে ভরসা আছে।

আরহান ধীরে খামটা সামনে রাখল।

সব বলেনি, তবু যতটা বলা দরকার, বলল।

সায়রা সব শুনল।

একবারও থামাল না।

পার্ট ৫: পাশে থাকা মানে শক্তি দেওয়া

সব শুনে সায়রা ধীরে বলল, “আপনি একা না।”

এই কথাটা খুব সাধারণ, তবু আরহানের ভেতরে গিয়ে শক্তি হয়ে দাঁড়াল।

“আমি থাকব,” সে বলল।

এই ‘থাকব’ শব্দটার ভেতরে কোনো প্রতিশ্রুতির চাপ নেই, তবু নিশ্চিততা আছে।

আরহান প্রথমবার অনুভব করল—এই ঝড়টা তাকে ভাঙতে পারবে না।

কারণ এবার তার পাশে কেউ আছে, যে ভয় পায় না, পালায় না।

রাত নেমে আসে। ঘরের ভেতর আলো জ্বলে।

সবকিছু আগের মতোই, তবু বদলে গেছে।

আরহান জানালার বাইরে তাকিয়ে থাকে।

তার মনে হয়—ঝড় আসতেই পারে,

কিন্তু যদি পাশে একটা চেনা হাত থাকে,

তাহলে সেই ঝড়ও

শান্ত হয়ে যায়।

অধ্যায় ৩৫: নীরব ঝড়

পার্ট ১: শান্ত দিনের ভেতর অশান্তির আভাস

সকালটা খুব সাধারণভাবে শুরু হয়েছিল। সায়রা রান্নাঘরে, আরহান টেবিলে বসে চা খাচ্ছিল। বাতাসে একটা নরম স্বস্তি। হঠাৎ দরজায় কড়া নাড়ার শব্দ। এমন সময় কেউ আসে না। আরহান দরজা খুলতেই দেখল—একজন দাঁড়িয়ে। চোখে অচেনা, তবু ভেতরে কোথাও চেনা একটা অস্বস্তি।

লোকটা হালকা হাসল, "আমাকে চিনতে পারছো?"

আরহান কিছুক্ষণ তাকিয়ে থেকে বলল, "না।"

লোকটা ধীরে বলল, "চেনার দরকার নেই, মনে রাখলেই চলবে।"

কথাটা বলে সে একটা খাম এগিয়ে দিল।

"এটা দেখে নিও।"

তারপর চলে গেল।

দরজা বন্ধ করে আরহান কিছুক্ষণ দাঁড়িয়ে রইল। খামটা খুলবে কি খুলবে না—এই দ্বিধা।

শেষ পর্যন্ত খুলল। ভেতরে কিছু ছবি। পুরোনো, অন্ধকার, আর অস্বস্তিকর। তার বাবার সেই দিনের ছায়া, যেটা সে ভুলে যেতে চেয়েছিল।

তার হাত একটু কাঁপল।

অতীত আবার ফিরে এসেছে।

পার্ট ২: লুকোনো চেষ্টা, বোঝা চোখ

সায়রা পাশে এসে দাঁড়াল।

"কে ছিল?"

আরহান দ্রুত খামটা ভাঁজ করে বলল, "কেউ না।"

কথাটা খুব সহজভাবে বলল, কিন্তু চোখে সেই স্বাভাবিকতা নেই।

সায়রা কিছু বলল না।

শুধু তাকিয়ে রইল।

এই তাকানোতেই প্রশ্ন আছে, আবার ধৈর্যও আছে।

"আপনি কিছু লুকাচ্ছেন," সে ধীরে বলল।

আরহান একটু থামল।

তারপর বলল, "সব কথা সবসময় বলা যায় না।"

সায়রা মাথা নাড়ল।

“ঠিক,” সে বলল, “কিন্তু না বললে বোঝা কমে না।”

কথাটা নরম, তবু সরাসরি।

আরহান চুপ করে গেল।

পার্ট ৩: ভয়, এবার একা না

দুপুরে অফিসে গিয়েও সে কাজের মধ্যে মন বসাতে পারল না। ফাইল খুলছে, আবার বন্ধ করছে। মাথার ভেতরে সেই ছবিগুলো ঘুরছে।

একসময় সে চেয়ার ছেড়ে উঠে দাঁড়াল। জানালার সামনে গিয়ে দাঁড়াল।

সে বুঝল—এই ঝড়টা আবার আসছে।

কিন্তু এবার একটা পার্থক্য আছে।

সে একা না।

বিকেলে সে তাড়াতাড়ি বাড়ি ফিরে এল। দরজা খুলতেই সায়রাকে দেখল।

সে কিছু জিজ্ঞেস করল না।

শুধু বলল, “চা বানিয়ে দিই?”

এই ছোট প্রশ্নটাই আরহানের জন্য যথেষ্ট ছিল।

পার্ট ৪: বলা, খুব ধীরে

চা নিয়ে বসার পর অনেকক্ষণ কেউ কিছু বলল না।

তারপর আরহান নিজেই বলল, “আমার অতীত… পুরো শেষ হয়নি।”

সায়রা চুপ করে শুনল।

“কিছু জিনিস আছে, যেগুলো আবার ফিরে আসে,” সে বলল।

“তাহলে এবার পালাবেন?”

প্রশ্নটা শান্ত, কিন্তু গভীর।

আরহান মাথা নাড়ল, “না।”

“তাহলে বলুন,” সায়রা বলল।

এই ‘বলুন’ শব্দটার ভেতরে ভরসা আছে।

আরহান ধীরে খামটা সামনে রাখল।

সব বলেনি, তবু যতটা বলা দরকার, বলল।

সায়রা সব শুনল।

একবারও থামাল না।

পার্ট ৫: পাশে থাকা মানে শক্তি দেওয়া

সব শুনে সায়রা ধীরে বলল, “আপনি একা না।”

এই কথাটা খুব সাধারণ, তবু আরহানের ভেতরে গিয়ে শক্তি হয়ে দাঁড়াল।

"আমি থাকব," সে বলল।

এই 'থাকব' শব্দটার ভেতরে কোনো প্রতিশ্রুতির চাপ নেই, তবু নিশ্চিততা আছে।

আরহান প্রথমবার অনুভব করল—এই ঝড়টা তাকে ভাঙতে পারবে না।

কারণ এবার তার পাশে কেউ আছে, যে ভয় পায় না, পালায় না।

রাত নেমে আসে। ঘরের ভেতর আলো জ্বলে।

সবকিছু আগের মতোই, তবু বদলে গেছে।

আরহান জানালার বাইরে তাকিয়ে থাকে।

তার মনে হয়—ঝড় আসতেই পারে,

কিন্তু যদি পাশে একটা চেনা হাত থাকে,

তাহলে সেই ঝড়ও

শান্ত হয়ে যায়।

অধ্যায় ৩৬: মুখোশের আড়ালে

পার্ট ১: অস্বস্তির শুরু, চেনা ছায়া

সকালটা অদ্ভুত ভারী লাগছিল। আগের দিনের সেই খামের কথা মাথা থেকে সরছিল না। সায়রা কিছু জিজ্ঞেস করেনি, তবু তার চোখে একটা নীরব প্রশ্ন রয়ে গেছে। আরহান চুপচাপ

বসে ছিল, চায়ের কাপ ঠান্ডা হয়ে গেছে। হঠাৎ ফোনটা বেজে উঠল। আবার সেই অচেনা নম্বর। সে এবার দেরি করল না, সরাসরি রিসিভ করল। ওপাশে সেই কণ্ঠ, নিচু আর স্থির।

“ছবিগুলো দেখেছো?”

আরহান বলল, “তুমি কী চাও?”

লোকটা হালকা হেসে বলল, “সত্যিটা জানতে চাও না?”

“কোন সত্যি?”

“যে গল্পটা তুমি জানো, সেটা পুরো না।”

লাইন কেটে গেল।

এই কয়েকটা কথাই যথেষ্ট ছিল। আরহান বুঝল—এটা শুধু ভয় দেখানো না, এর ভেতরে কিছু আছে।

পার্ট ২: সন্দেহ, খুব কাছের কারো দিকে

অফিসে গিয়েও তার মন বসছিল না। সে বারবার সেই ছবিগুলো ভাবছিল। হঠাৎ তার মনে হলো—এই ছবিগুলো তো বাইরের কেউ পেতে পারে না।

এগুলো এমন কারো কাছে ছিল,

যে খুব কাছের।

তার মাথায় একটা নাম এল।

সে চমকে উঠল।

“না… এটা হতে পারে না,” সে নিজেকে বলল।

তবু সন্দেহটা গেল না।

সে সিদ্ধান্ত নিল—আজই সে খুঁজে বের করবে।

পার্ট ৩: ফিরে আসা, কিন্তু অন্য প্রশ্ন নিয়ে

বিকেলে বাড়ি ফিরে সে সোজা বসে রইল। সায়রা চা নিয়ে এলো।

“আজও চুপ,” সে বলল।

আরহান একটু তাকাল, তারপর বলল, “তুমি কি কাউকে বিশ্বাস করো পুরোপুরি?”

সায়রা একটু ভেবে বলল, “যাকে করি, তাকে প্রশ্ন করি না।”

“যদি সে বদলে যায়?”

“তাহলে সে আগেও পুরো ছিল না,” সায়রা বলল।

কথাটা খুব সহজ, তবু গভীর।

আরহান চুপ করে গেল।

তার মনে হলো—সব উত্তর হয়তো জটিল না।

পার্ট ৪: সত্যের দরজায় দাঁড়ানো

রাতের দিকে সে ফোনটা আবার হাতে নিল। সেই নম্বরে কল করল। এবার লোকটা দ্রুত রিসিভ করল।

"দেখা করতে হবে," আরহান বলল।

লোকটা বলল, "এইবার বুঝতে পারছো।"

লোকেশন পাঠানো হলো—একটা পুরোনো জায়গা, যেটা আরহান খুব ভালো করেই চেনে।

ফোন রেখে সে কিছুক্ষণ চুপ করে রইল।

এই জায়গাটার সাথে তার অনেক স্মৃতি জড়িয়ে আছে।

আর আজ সেই জায়গাতেই সত্যিটা সামনে আসবে।

পার্ট ৫: পাশে থাকা, শক্ত হয়ে ওঠা

সায়রা পাশে এসে দাঁড়াল।

"আপনি আবার যাচ্ছেন?"

আরহান বলল, "হ্যাঁ… এবার সত্যিটা জানতে।"

"আমি কি কিছু করতে পারি?"

প্রশ্নটা খুব নরম।

আরহান মাথা নাড়ল, "থাকো।"

সায়রা হালকা হাসল, "আমি আছি।"

এই 'আমি আছি' কথাটাই তার জন্য যথেষ্ট।

সে দরজার দিকে এগোল।

আজ তার ভেতরে ভয় আছে, তবু সে পিছিয়ে যাচ্ছে না।

কারণ এবার সে শুধু নিজের জন্য না,

তার নতুন জীবনের জন্যও দাঁড়াচ্ছে।

বাইরে রাত নেমেছে।

আকাশে আলো কম, তবু পথ দেখা যাচ্ছে।

আরহান বুঝতে পারল—

মুখোশ যতই শক্ত হোক,

একসময় খুলে যায়।

আর আজ

সে সেই মুখোশের আড়ালের মানুষটাকে দেখতে যাচ্ছে।

অধ্যায় ৩৭: যে নামটা ভাবিনি

পার্ট ১: পুরোনো জায়গা, নতুন প্রশ্ন

রাতটা ভারী ছিল। লোকেশনটা শহরের এক কোণের পুরোনো রেস্টুরেন্ট — যেখানে একসময় আরহান অনেকবার এসেছে, কিন্তু আজ জায়গাটা আলাদা লাগছে। আলো কম, টেবিলগুলো প্রায় ফাঁকা। সে ভেতরে ঢুকে চারপাশে তাকাল। এক কোণে বসে আছে একজন। মাথা একটু নিচু, তবু চেনা লাগে।

আরহান ধীরে ধীরে এগিয়ে গেল।

"তুমি?"

লোকটা মুখ তুলল।

চোখের ভেতর হালকা হাসি।

"অবশেষে চিনলে।"

আরহান কিছুক্ষণ তাকিয়ে রইল।

তার সৎ ভাই।

পার্ট ২: চুপ থাকা সত্যগুলো

কিছুক্ষণ কেউ কিছু বলল না। এই নীরবতার ভেতরে অনেক পুরোনো দিনের গন্ধ।

আরহান বসে পড়ল।

"তুমি এটা করছো?"

প্রশ্নটা সরাসরি।

সৎ ভাই হালকা হাসল, "সবসময় তো আমি ছিলাম, তুমি খেয়াল করোনি।"

"কেন?"

"কারণ তুমি সবসময় উপরে ছিলে," সে বলল, "আমরা নিচে।"

কথাটা খুব সহজভাবে বলা, তবু ভেতরে জমে থাকা বিষ।

আরহান চুপ করে শুনল।

সে বুঝল—এই গল্পটা শুধু শত্রুতার না, দীর্ঘদিনের হিংসার।

পার্ট ৩: অতীতের ভেতরের আসল ঘটনা

"তুমি কি জানো, সেই রাতে আসলে কী হয়েছিল?"

এই প্রশ্নে আরহান থেমে গেল।

"যেটা তুমি দেখেছিলে, সেটা পুরোটা না," সৎ ভাই বলল।

"মানে?"

"তোমার বাবাকে আমরা ঠেলেছিলাম," সে বলল খুব শান্তভাবে।

কথাটা শুনে আরহানের ভেতরটা যেন থেমে গেল।

"আমরা?"

"আমি আর মা," সে বলল, "কিন্তু দোষটা শুধু তোমার বাবার উপর পড়ল।"

রেস্টুরেন্টের আলো আরও ম্লান মনে হলো।

এই কথাটা এতদিনের পুরো বিশ্বাস ভেঙে দিল।

আরহান কিছু বলতে পারল না।

কারণ এই সত্যিটা সে কোনোদিন ভাবেনি।

পার্ট ৪: ভয় না, এবার রাগও না

কিছুক্ষণ চুপ থাকার পর আরহান ধীরে বলল, "তুমি এখন কী চাও?"

সৎ ভাই সামনে ঝুঁকল, "তুমি যা পেয়েছো, সেটা ছেড়ে দাও।"

"সব?"

"সব।"

কথাটা সরাসরি।

আরহান এবার হালকা হাসল।

"আমি আগেও ছেড়ে দিয়েছি," সে বলল, "তবু তুমি থামোনি।"

"কারণ তোমার শান্তিটাই আমার দরকার," সে বলল।

এই কথাটা শুনে আরহান বুঝল—এটা সম্পত্তির জন্য না, এটা ভাঙার জন্য।

পার্ট ৫: দাঁড়িয়ে থাকা, ভেঙে না পড়া

আরহান ধীরে উঠে দাঁড়াল।

“তুমি দেরি করে ফেলেছো,” সে বলল।

সৎ ভাই অবাক হয়ে তাকাল।

“কিসে?”

“আমি আর আগের জায়গায় নেই,” আরহান বলল।

এই কথাটা খুব শান্তভাবে বলা, তবু শক্ত।

সে ঘুরে দরজার দিকে হাঁটতে লাগল।

পেছন থেকে কণ্ঠ এলো, “এইবার শুধু শুরু।”

আরহান থামল না।

কারণ সে জানে—এই লড়াইটা এখন শুরু হয়েছে, কিন্তু এবার সে একা না।

পার্ট ৬: ফিরে আসা, আগের চেয়ে শক্ত

বাড়িতে ফিরে দরজা খুলতেই সায়রাকে দেখল।

সে কিছু জিজ্ঞেস করল না।

শুধু বলল, “আপনি ফিরেছেন।”

আরহান মাথা নাড়ল।

“হ্যাঁ।”

এই ‘হ্যাঁ’ শব্দটার ভেতরে অনেক কিছু।

সে বসে পড়ল।

কিছুক্ষণ চুপ।

তারপর ধীরে বলল, “সবকিছু বদলে গেছে।”

সায়রা পাশে বসে বলল, “আপনি বদলাননি।”

এই কথাটা শুনে আরহান প্রথমবার হালকা হাসল।

কারণ সে বুঝল—

সত্যি যতই কঠিন হোক,

যদি পাশে কেউ থাকে,

তাহলে মানুষ ভাঙে না।

রাত নেমে আসে।

ঘরের ভেতর আলো জ্বলে।

বাইরে অন্ধকার,

কিন্তু ভেতরে এখনো আলো আছে।

অধ্যায় ৩৮: যা ভাঙে না

পার্ট ১: রাতের ভেতর জেগে থাকা সত্য

রাতটা লম্বা ছিল। আরহান ঘুমোতে পারছিল না। জানালার পাশে দাঁড়িয়ে ছিল, শহরের আলো দূরে ঝাপসা লাগছিল। মাথার ভেতরে ঘুরছে সেই কথাগুলো—“আমরা ঠেলেছিলাম।” এতদিন যে গল্পটা সে নিজের ভেতরে সাজিয়ে রেখেছিল, সেটা এক মুহূর্তে বদলে গেছে। তার বাবার মুখ ভেসে উঠল—রাগ, অপরাধ, আর সেই রাতের অন্ধকার। এখন সেই ছবির সাথে নতুন একটা সত্য জুড়ে গেছে। সে চোখ বন্ধ করল। ভাবল—সত্যি জানলে কি সব হালকা হয়? নাকি আরও ভারী? উত্তর এল না।

পেছন থেকে সায়রার পায়ের শব্দ। সে ধীরে এসে পাশে দাঁড়াল। কিছু জিজ্ঞেস করল না। শুধু দাঁড়িয়ে রইল। এই চুপচাপ দাঁড়িয়ে থাকাটাই আরহানের কাছে আশ্রয়ের মতো লাগল।

“ঘুমাওনি?” সায়রা জিজ্ঞেস করল।

“না,” আরহান বলল, “ঘুম আসেনি।”

“সব সত্যি একদিনে মানা যায় না,” সায়রা ধীরে বলল।

কথাটা খুব সহজ, তবু ভেতরে জায়গা করে নেয়।

পার্ট ২: ভাঙার বদলে বোঝা

সকাল হলে আরহান টেবিলে বসে ছিল। চায়ের কাপ সামনে, কিন্তু সে খেয়াল করছিল না। সায়রা রান্নাঘরে কাজ করছে। এই সাধারণ দৃশ্যটাই তাকে ধীরে ধীরে শান্ত করে।

“তুমি কি ভাবছো?” সায়রা এসে বসে জিজ্ঞেস করল।

আরহান কিছুক্ষণ চুপ করে থেকে বলল, "যা জানতাম, সেটা ভুল ছিল।"

"সব?"

"হয়তো," সে বলল, "হয়তো না।"

সায়রা মাথা নাড়ল, "সত্যি কখনো পুরো সাদা বা কালো না।"

কথাটা শুনে আরহান একটু তাকাল।

"তাহলে কী?"

"মাঝে কিছু রং থাকে," সায়রা বলল, "যেগুলো বুঝতে সময় লাগে।"

এই উত্তরটা তার কাছে নতুন। সে বুঝল—সবকিছু ভেঙে ফেলা সহজ, কিন্তু বোঝা কঠিন।

পার্ট ৩: সিদ্ধান্ত, খুব নরমভাবে

অফিসে গিয়ে সে আজ কাজ শুরু করল ধীরে। ফাইল খুলছে, আবার বন্ধ করছে। সহকারী কিছু জিজ্ঞেস করল, সে উত্তর দিল, কিন্তু মন পুরোটা সেখানে নেই। হঠাৎ সে একটা সিদ্ধান্ত নিল—সে আর পালাবে না, আবার তাড়াও করবে না।

সে নিজের কাছে বলল, "যা আছে, সামনে থেকেই দেখব।"

এই কথাটা বলার ভেতরে একটা স্থিরতা আসে।

সে বুঝল—লড়াইটা এখনো শেষ হয়নি, কিন্তু সে আর আগের মতো দুর্বল না।

পার্ট ৪: পাশে থাকা মানে শক্ত থাকা

বিকেলে বাড়ি ফিরে সে দেখল সায়রা জানালার পাশে বসে আছে। হাতে একটা বই , তবু চোখ বইয়ে নেই।

"আপনি কেমন আছেন?"

প্রশ্নটা খুব সাধারণ।

আরহান বলল, "আগের চেয়ে পরিষ্কার।"

সায়রা একটু হাসল, "কষ্ট থাকলেও?"

"হ্যাঁ," সে বলল, "কারণ এখন বুঝতে পারছি।"

এই কথাটা বলার পর তার নিজেরই ভালো লাগল।

সায়রা বইটা বন্ধ করে বলল, "আপনি যদি ভেঙে না পড়েন, কিছুই আপনাকে ভাঙতে পারবে না।"

এই কথাটা খুব শান্তভাবে বলা, তবু শক্তিশালী।

পার্ট ৫: যা থাকে, শেষ পর্যন্ত

রাত নামল। ঘরের ভেতর আলো জ্বলে উঠল। আরহান চুপ করে বসে ছিল, সায়রা পাশে। কোনো কথা নেই, তবু নীরবতাটা ভারী না।

সে ধীরে বলল, "সবকিছু বদলে গেলে কী থাকে?"

সায়রা বলল, "যা সত্যি।"

“আর যদি সেটা খুব কম হয়?”

“তবু থাকে,” সে বলল।

এই কথাটা শুনে আরহান বুঝল—সব হারালেও কিছু থাকে, আর সেইটুকুই মানুষকে ধরে রাখে।

সে জানালার বাইরে তাকাল। অন্ধকারের ভেতরেও কিছু আলো দেখা যায়।

তার মনে হলো—

সত্যি কখনো সহজ না,

তবু সত্যিই মানুষকে ভাঙে না।

যা ভাঙে না,

সেটাই আসল শক্তি।

অধ্যায় ৩৯: আঘাতের ভেতর দাঁড়িয়ে থাকা

পার্ট ১: দিনের ভেতর হঠাৎ ফাটল

সকালটা ঠিকঠাকই ছিল। আরহান অফিসে বসে একটা প্রেজেন্টেশন দেখছিল, হঠাৎ ফোন এলো—অজানা নম্বর। সে কিছুক্ষণ তাকিয়ে থেকে রিসিভ করল। ওপাশে কোনো কথা নেই, শুধু একটা নিশ্বাসের শব্দ, তারপর খুব ধীরে—"সবাই নিরাপদে নেই।" লাইন কেটে গেল। কথাটা ছোট, তবু সরাসরি আঘাতের মতো লাগল। সে সঙ্গে সঙ্গে সায়রাকে ফোন করল। ফোন বেজে চলল, কিন্তু রিসিভ হলো না। তার বুকের ভেতর চাপা ভয়টা হঠাৎ বড় হয়ে উঠল।

পার্ট ২: দৌড়, যেটা থামাতে চায় না

সে আর দেরি করল না। গাড়ি নিয়ে বেরিয়ে পড়ল। রাস্তায় সিগন্যাল, ভিড়—সবকিছু তার কাছে অপ্রাসঙ্গিক লাগছিল। তার মাথায় শুধু একটাই চিন্তা—সায়রা। এই নামটার ভেতরে এখন তার পুরো পৃথিবী। বাড়ির সামনে এসে গাড়ি থামাতেই দেখল দরজা আধখোলা। তার হাত ঠান্ডা হয়ে গেল। সে দ্রুত ভেতরে ঢুকল। ঘরটা অগোছালো না, তবু অস্বস্তিকর নীরব।

"সায়রা?"

কোনো উত্তর নেই।

তার হৃদস্পন্দন দ্রুত হয়ে উঠল।

পার্ট ৩: ভয়, যেটা এবার ব্যক্তিগত

হঠাৎ রান্নাঘর থেকে শব্দ এলো। সে দৌড়ে গেল। সায়রা দাঁড়িয়ে আছে, হাতে ফোন, মুখটা ফ্যাকাশে।

"তুমি ঠিক আছো?" আরহান প্রায় ছুটে গিয়ে বলল।

সায়রা তাকাল, একটু সময় নিয়ে বলল, "হ্যাঁ··· কিন্তু···"

"কিন্তু কী?"

"কেউ এসেছিল," সে বলল, "দরজায় দাঁড়িয়ে ছিল। কিছু বলেনি, শুধু তাকিয়ে ছিল।"

এই কথাটা শুনে আরহানের ভেতরে রাগ আর ভয় একসাথে উঠল।

সে বুঝল—এটা এখন শুধু হুমকি না, এটা সরাসরি তাদের জীবনে ঢুকে পড়েছে।

পার্ট ৪: শক্ত হয়ে ওঠা, একসাথে

আরহান ধীরে বলল, "আমি আছি।"

কথাটা খুব সাধারণ, তবু তার কণ্ঠে এমন কিছু ছিল, যেটা আশ্বাস দেয়।

সায়রা চুপ করে দাঁড়িয়ে রইল।

"আপনি ভয় পাচ্ছেন?" সে জিজ্ঞেস করল।

আরহান একটু থামল, তারপর বলল, "হ্যাঁ··· কিন্তু এবার ভয়টা আমাকে থামাবে না।"

এই স্বীকারোক্তিটা ছোট, তবু গুরুত্বপূর্ণ।

সায়রা মাথা নাড়ল, "তাহলে আমরা ঠিক আছি।"

এই 'আমরা' শব্দটা আরহানের ভেতরে গিয়ে শক্ত হয়ে দাঁড়াল।

পার্ট ৫: লড়াই শুরু, এবার সত্যি

সন্ধ্যা নেমে এলো। ঘরের ভেতর আলো জ্বলছে, কিন্তু আজ সেই আলোও একটু কড়া লাগে। আরহান জানালার পাশে দাঁড়িয়ে বাইরে তাকিয়ে ছিল। তার মনে হলো—এই লড়াইটা এখন আর অতীতের না, এটা বর্তমানের।

সে ফোনটা হাতে নিল। একটা নম্বর ডায়াল করল।

"আমি প্রস্তুত," সে বলল।

ওপাশে কণ্ঠটা হালকা হাসল, "দেখা যাবে।"

লাইন কেটে গেল।

আরহান ফোনটা নামিয়ে রাখল।

সে জানে—এবার থামার জায়গা নেই।

সে ঘুরে সায়রার দিকে তাকাল।

সে এখনো সেখানে দাঁড়িয়ে আছে, শান্ত, স্থির।

এই দৃশ্যটাই তাকে শক্ত করে।

সে বুঝল—

যখন আঘাত সরাসরি এসে লাগে,

তখন মানুষ পালায় না,

দাঁড়িয়ে থাকে।

আর পাশে যদি কেউ থাকে,

তাহলে সেই দাঁড়িয়ে থাকাটাই

সবচেয়ে বড় জেতা।

অধ্যায় ৪০: যে ভয়কে নাম দেওয়া যায় না

পার্ট ১: নীরবতার ভেতর চাপা শব্দ

রাতটা অস্বস্তিকর নীরবতায় ভরা। বাইরে খুব সাধারণ শব্দ—দূরের গাড়ি, কুকুরের ডাক—তবু ঘরের ভেতর যেন সব শব্দ থেমে আছে। আরহান বারবার দরজার দিকে তাকাচ্ছে। সায়রা চুপচাপ বসে, হাতে তসবিহ, ঠোঁটে ধীরে ধীরে দোয়া। এই দৃশ্যটা শান্ত, তবু ভেতরে একটা চাপা টান।

"তুমি ক্লান্ত?" আরহান জিজ্ঞেস করল।

"না," সায়রা বলল, "শুধু ভাবছি।"

"কী?"

"যে ভয়টা আছে, সেটা কোথা থেকে আসছে।"

প্রশ্নটা সরল, কিন্তু উত্তরটা কঠিন। আরহান বুঝল—এই ভয় শুধু বাইরে থেকে না, ভেতর থেকেও উঠে আসছে।

পার্ট ২: দরজার ওপারে ছায়া

হঠাৎ আবার দরজায় কড়া নাড়ার শব্দ।

একবার।

তারপর আরেকবার।

আরহান উঠে দাঁড়াল। ধীরে ধীরে দরজার দিকে এগোল। তার পা ভারী লাগছিল, তবু থামল না। দরজা খুলতেই বাইরে কেউ নেই। শুধু ফাঁকা গলি, আর বাতাসে একটা অদ্ভুত শীতলতা।

সে কিছুক্ষণ দাঁড়িয়ে থাকল।

তারপর নিচে তাকাল—একটা ছোট কাগজ পড়ে আছে।

সে তুলে নিল।

লেখা—"শুরু মাত্র।"

এই দুইটা শব্দই যথেষ্ট।

তার ভেতরে ঠান্ডা একটা অনুভূতি ছড়িয়ে গেল।

পার্ট ৩: লুকোনো আতঙ্ক, প্রকাশ না পাওয়া ভয়

ভেতরে ফিরে এসে সে কাগজটা সায়রাকে দিল।
সায়রা পড়ল, তারপর শান্তভাবে বলল, "ওরা ভয় দেখাতে চায়।"
"পারছে?" আরহান জিজ্ঞেস করল।
সায়রা একটু ভেবে বলল, "ভয় দেখানো আর ভয় পাওয়া আলাদা।"
কথাটা খুব সাধারণ, তবু শক্ত।
আরহান বুঝল—ভয়টা আছে, কিন্তু সেটাকে কীভাবে নেয়া হবে, সেটা তাদের হাতে।

পার্ট ৪: একসাথে দাঁড়ানো, আলাদা না হওয়া

আরহান ধীরে বলল, "আমি চাই না তুমি এইসবের মধ্যে থাকো।"
সায়রা তাকাল।
"আমি তো আছিই," সে বলল, "এটা এখন শুধু আপনার না, আমাদের।"
এই 'আমাদের' শব্দটা আবারও তাকে থামিয়ে দিল।
সে বুঝল—সে একা থাকলে হয়তো সহজ হতো, কিন্তু এখন সে একা না।
এই দায়টা তার কাছে ভারী না, বরং শক্তি।

পার্ট ৫: অন্ধকারের ভেতর আলো ধরে রাখা

রাত আরও গভীর হলো। ঘরের ভেতর আলো জ্বলছে, কিন্তু জানালার বাইরে অন্ধকার।
আরহান জানালার পাশে দাঁড়িয়ে ছিল।
সে ধীরে বলল, "যদি এটা বাড়ে?"
সায়রা বলল, "তাহলে আমরা আরও শক্ত হব।"
কথাটা খুব সহজ, তবু অদ্ভুতভাবে আশ্বাস দেয়।
কিছুক্ষণ কেউ কিছু বলল না।
এই চুপটা এবার ভয় না, প্রস্তুতি।
আরহান বুঝল—
ভয়কে এড়িয়ে যাওয়া যায় না,
কিন্তু তার সামনে দাঁড়ানো যায়।
আর পাশে যদি কেউ থাকে,
তাহলে সেই ভয়ও

নাম পায় না,
শুধু কমে যায়।

অধ্যায় ৪১: সত্যের দাম

পার্ট ১: সকাল, যেটা আর স্বাভাবিক না

সকাল হয়েছে, কিন্তু ঘরের ভেতরের বাতাস এখনো রাতের মতো ভারী। টেবিলে রাখা কাগজটা—"শুরু মাত্র"—এখনো ওখানেই আছে। আরহান সেটা সরায়নি। যেন চোখের সামনে রাখলেই বোঝা সহজ হয়। সায়রা রান্নাঘরে, কিন্তু আজ তার হাতের শব্দও কম। সবকিছু চলছে, তবু স্বাভাবিক না।

"তুমি আজ বাইরে যেও না," আরহান বলল।

সায়রা একটু থামল, তারপর বলল, "আমি ঠিক আছি।"

"আমি জানি," সে বলল, "তবু…"

কথাটা শেষ করল না।

সায়রা তাকাল, "আপনি ভয় পাচ্ছেন।"

আরহান মাথা নাড়ল, "হ্যাঁ।"

এই স্বীকারোক্তিটা এবার আর লুকোনো না।

পার্ট ২: খোঁজ, যেটা থামানো যায় না

অফিসে গিয়ে সে বসে থাকল না। সরাসরি কয়েকটা পুরোনো কন্টাক্টে ফোন করল। যারা আগে তার ব্যবসার ভেতরের দিকগুলো দেখত, যারা জানে কারা কোথায় কী করে।

"এই নম্বরটা ট্রেস করতে হবে," সে বলল।

ওপাশে কিছুক্ষণ চুপ, তারপর উত্তর এলো, "ঝামেলা আছে।"

"জানি," আরহান বলল, "তবু করো।"

তার কণ্ঠে এবার দ্বিধা নেই।

সে বুঝেছে—এই খেলাটা শেষ করতে হলে ভেতরে ঢুকতে হবে।

পার্ট ৩: ঘরে ফিরে, অন্যরকম নীরবতা

বিকেলে বাড়ি ফিরে সে দেখল—সায়রা জানালার পাশে বসে আছে। আজ তার হাতে তসবিহ নেই, শুধু তাকিয়ে আছে বাইরে।

"কিছু হয়েছে?" আরহান জিজ্ঞেস করল।

সায়রা মাথা নাড়ল, "না… শুধু ভাবছিলাম।"

"কী?"

"যদি সবকিছু বদলে যায়?"

প্রশ্নটা হালকা, কিন্তু গভীর।

আরহান একটু ভেবে বলল, "তাহলে আমরা নতুন করে শুরু করব।"

সায়রা তাকাল, "সবসময় সম্ভব?"

"যদি আমরা থাকি, তাহলে সম্ভব," সে বলল।

এই কথাটা বলার সময় তার কণ্ঠে দৃঢ়তা ছিল।

পার্ট ৪: আঘাত, এবার সরাসরি

হঠাৎ ফোন বেজে উঠল।

এইবার নম্বরটা চেনা—তার সৎ ভাই।

আরহান কিছুক্ষণ তাকিয়ে থেকে রিসিভ করল।

"তুমি দ্রুত শিখছো," ওপাশে কণ্ঠটা বলল।

"কি চাও?"

"দেখতে চাই, কতদূর দাঁড়াতে পারো," সে বলল।

"এটা শেষ করো," আরহান বলল।

"শেষ?" সে হাসল, "এটা তো শুরু।"

লাইন কেটে গেল।

এই কথাগুলো এবার আর হুমকি না, ঘোষণা।

পার্ট ৫: সিদ্ধান্ত, যেটা ভাঙে না

ফোনটা নামিয়ে রেখে আরহান কিছুক্ষণ চুপ করে থাকল।

তারপর ধীরে বলল, "এটা শেষ করতে হবে।"

সায়রা কাছে এসে দাঁড়াল, "আপনি একা করবেন না।"

এই কথাটা শুনে সে তাকাল।
"আমি আছি," সায়রা বলল।
এই 'আমি আছি' এবার শুধু সান্ত্বনা না, শক্তি।
আরহান মাথা নাড়ল।
সে বুঝল—
এই লড়াইটা সহজ হবে না,
কিন্তু সে ভাঙবে না।
কারণ এবার সে একা না।
রাত নামতে শুরু করল।
ঘরের ভেতর আলো জ্বলে উঠল।
বাইরে অন্ধকার,
কিন্তু ভেতরে এখনো আলো আছে।
আর যতক্ষণ সেই আলো থাকে,
মানুষ হারে না।

অধ্যায় ৪২: ফাঁদের ভেতর আলো

পার্ট ১: খোঁজের দাগ, প্রথম সুতো

সকালটা আরহানের কাছে কাজের মতো না, অনুসন্ধানের মতো লাগল। ফোন এলো—গতকাল যাদের বলেছিল নম্বর ট্রেস করতে। ওপাশে কণ্ঠ নিচু, সতর্ক, "লোকেশন ফিক্সড না, কিন্তু প্যাটার্ন আছে। শহরের বাইরে, পুরোনো গুদামঘর এলাকা। সাবধানে যাবেন।" আরহান কিছুক্ষণ চুপ করে শুনল। একটা সুতো পাওয়া গেছে। সে বলল, "ডিটেইল পাঠাও।" কল কেটে যাওয়ার পর সে কাগজে কয়েকটা জায়গার নাম লিখল। মানচিত্রে চোখ রাখল। অদ্ভুতভাবে সব রাস্তা গিয়ে মিলে একটা পুরোনো শিল্পাঞ্চলে। তার মনে হলো—খেলা এখন খোলামেলা হচ্ছে।
সায়রা চা এনে সামনে রাখল। "কিছু পেয়েছেন?"
"একটা দাগ," আরহান বলল, "পুরো ছবি না।"
"দাগ ধরে ছবিতে যাওয়া যায়," সায়রা শান্তভাবে বলল।
কথাটা ছোট, তবু কাজের মতো। আরহান মাথা নাড়ল। আজ সে দাগ ধরেই এগোবে।

পার্ট ২: যাওয়া, কিন্তু তাড়াহুড়ো না

সে সরাসরি বেরিয়ে পড়ল না। কিছু ফোন করল, দু'জন বিশ্বস্ত মানুষকে বলল দূর থেকে নজর রাখতে। নিজের গাড়ি নয়, অন্য গাড়ি নিল। এই সতর্কতা তার নতুন—আগে সে ঝাঁপ দিত, এখন সে দেখে নেয়। রাস্তায় যেতে যেতে সে বুঝল—এটা শুধু শত্রুকে ধরার না, নিজের ভেতরের তাড়াহুড়োকেও সামলানোর।

শিল্পাঞ্চলের কাছে পৌঁছে সে গাড়ি থামাল। দূরে মরচেধরা গেট, ভাঙা দেয়াল, নীরবতা। একসময় এখানে শব্দ ছিল, এখন শুধু বাতাস। সে নামল না। আগে দেখল। দু'মিনিট, পাঁচ মিনিট, দশ মিনিট। তারপর ধীরে নামল।

তার ভেতরে ভয় আছে, তবু এবার সে সেই ভয়কে জায়গা দিয়েছে—পাশে, সামনে না।

পার্ট ৩: ফাঁদ, যেটা বুঝে ফেলা যায়

গেটের ভেতরে ঢুকতেই তার চোখে পড়ল—মাটিতে তাজা চিহ্ন। কারো আসা-যাওয়া হয়েছে। সে থামল। চারপাশে তাকাল। নীরবতা খুব নিখুঁত। অতিরিক্ত নিখুঁত।

ঠিক তখনই ফোন কাঁপল। অচেনা নম্বর।

"এত কাছে এসে থেমে গেলে?" ওপাশে পরিচিত কণ্ঠ।

আরহান বলল, "ফাঁদে ঢুকতে তাড়া লাগে না।"

হালকা হাসি, "তুমি বদলেছো।"

"হ্যাঁ," আরহান বলল, "তাই বেঁচে আছি।"

লাইন কেটে গেল।

সে বুঝল—ওরা দেখছে। সে আর এক পা এগোল না। ঘুরে বেরিয়ে এল।

কিছু ফাঁদে ঢুকতে হয় না, বুঝে ফেললেই যথেষ্ট।

পার্ট ৪: ফিরে এসে সিদ্ধান্ত

বাড়ি ফিরে দরজা খুলতেই সায়রা তাকাল। কোনো প্রশ্ন নয়, শুধু চোখে খোঁজ।

"গিয়েছিলেন?"

"গিয়েছিলাম," আরহান বলল, "ফিরে এসেছি।"

"কেন?"

"কারণ ওরা চেয়েছিল আমি ঢুকি," সে বলল, "আমি চাইনি।"

সায়রা মাথা নাড়ল, "সব লড়াই সামনে গিয়ে জেতা লাগে না।"

কথাটা শুনে আরহান হালকা হাসল। সে টেবিলে বসে ম্যাপ খুলল। নতুন করে চিহ্ন দিল— যেখানে ফাঁদ, যেখানে পথ।
সে ধীরে বলল, "ওরা ভাবছে আমি তাড়াহুড়ো করব। আমি করব না।"
সায়রা পাশে বসে বলল, "তাহলে ওরাই ভুল করবে।"
এই কথাটা পরিকল্পনার মতো শোনাল।

পার্ট ৫: আলো, যেটা পথ দেখায়

রাত নামল। ঘরের ভেতর আলো জ্বলল। বাইরে অন্ধকার, কিন্তু আরহানের মাথায় আজ পরিষ্কার একটা রূপরেখা।
সে ফোন তুলে ছোট্ট মেসেজ পাঠাল—"আজ না। কাল।"
এটা চ্যালেঞ্জ না, সময় বেছে নেওয়া।
সায়রা জানালার পাশে দাঁড়িয়ে বলল, "আপনি আজ তাড়াহুড়ো করেননি।"
আরহান বলল, "আজ আমি হেরে যাইনি।"
এই দুটো বাক্যের মাঝেই পার্থক্য।
সে বুঝল—
ফাঁদ যতই থাকুক,
আলো যদি ভেতরে থাকে,
তাহলে পথ দেখা যায়।
আর সেই আলোটা
আজ সে হারায়নি।

অধ্যায় ৪৩: ভাঙার আগের নীরবতা

পার্ট ১: অপেক্ষা, যেটা ধীরে চাপ বাড়ায়

সকালটা অদ্ভুত শান্ত। এতটাই শান্ত যে সেই শান্তির ভেতরেই একটা চাপা শব্দ লুকিয়ে আছে। আরহান টেবিলে বসে ছিল, সামনে ম্যাপ, পাশে ফোন। গতরাতের সিদ্ধান্ত—আজ না, কাল—তার মাথায় ঘুরছে। সে জানে, ওরাও অপেক্ষা করছে। এই অপেক্ষাটা যুদ্ধের আগের নীরবতার মতো।
সায়রা চুপচাপ এসে চা রাখল।
"আজ যাবেন?"

প্রশ্নটা সরল।
আরহান বলল, “হ্যাঁ··· কিন্তু আজ আমি জায়গা বেছে নেব।”
এই কথাটা বলার ভেতরে একটা পরিবর্তন আছে।
সে আর টেনে নেওয়া হচ্ছে না, সে নিজেই টানছে।

পার্ট ২: চাল, যেটা বদলে দেয় খেলা

সে ফোন তুলল। সেই নম্বরে কল করল। কয়েক সেকেন্ড রিং, তারপর কণ্ঠটা এল।
“শেষমেশ?”
আরহান বলল, “তুমি জায়গা ঠিক করবে না। আমি করব।”
ওপাশে কিছুক্ষণ নীরবতা।
তারপর হালকা হাসি, “তুমি খেলাটা শিখে গেছো।”
“শিখছি,” আরহান বলল, “আজ বিকেলে পুরোনো ব্রিজের নিচে।”
“আসবে?”
“তুমি তো চাও,” সে বলল।
লাইন কেটে গেল।
এই ছোট কথোপকথনেই খেলার দিক বদলে গেল।
এবার অপেক্ষা দুই দিকেই।

পার্ট ৩: ভয়কে জায়গা দেওয়া, তবু এগোনো

বিকেলে বের হওয়ার আগে সে কিছুক্ষণ দাঁড়িয়ে রইল। সায়রা কাছে এসে দাঁড়াল।
“আপনি প্রস্তুত?”
“পুরো না,” আরহান বলল, “তবু যাচ্ছি।”
সায়রা মাথা নাড়ল, “পুরো প্রস্তুত কেউ হয় না।”
এই কথাটা শুনে তার মনে হলো—অসম্পূর্ণ হয়েই মানুষ সবচেয়ে সত্যি থাকে।
সে দরজার দিকে এগোল।
সায়রা বলল, “ফিরে আসবেন।”
এই কথাটা আদেশ না, ভরসা।
আরহান তাকিয়ে বলল, “আসব।”

পার্ট ৪: মুখোমুখি হওয়ার আগে মুহূর্ত

পুরোনো ব্রিজের নিচে জায়গাটা ফাঁকা। নদীর পানি ধীরে বয়ে যাচ্ছে, বাতাসে শীতলতা।
আরহান গাড়ি থামিয়ে নেমে দাঁড়াল। চারপাশে তাকাল।
কিছুক্ষণ পর একটা গাড়ি এসে থামল।
দরজা খুলে নেমে এল তার সৎ ভাই।
এইবার কোনো লুকোচুরি নেই।
দু'জন মুখোমুখি।
কিছুক্ষণ কেউ কিছু বলল না।
এই নীরবতাটা অনেক বছরের।

পার্ট ৫: শুরু, যেটা থামবে না

"তুমি সাহসী হয়ে গেছো," সৎ ভাই বলল।
আরহান বলল, "তুমি দেরি করে ফেলেছো।"
"কিসে?"
"আমাকে ভয় দেখাতে," সে বলল।
কথাটা খুব শান্ত, তবু শক্ত।
সৎ ভাই এগিয়ে এল, "তুমি ভাবছো সব শেষ?"
"না," আরহান বলল, "এটা শুরু।"
এই কথাটা এবার ঘোষণা।
দু'জনের চোখে চোখ।
কোনো শব্দ নেই, তবু সব বলা হয়ে গেছে।

পার্ট ৬: ভাঙার আগে দাঁড়িয়ে থাকা

বাতাস একটু জোরে বয়ে গেল। নদীর পানি নড়ে উঠল।
এই মুহূর্তটা স্থির, তবু ভেতরে ঝড় জমছে।
আরহান বুঝল—এবার আর পিছিয়ে যাওয়ার জায়গা নেই।
সে এক পা সামনে এগোল।
তার কণ্ঠ শান্ত, "আজ শেষ করব না। আজ বুঝব।"
সৎ ভাই হেসে বলল, "দেখা যাবে।"

এই ‘দেখা যাবে’ শব্দটাই আগুনের মতো।
আরহান ঘুরে দাঁড়াল না।
কারণ সে জানে—
ভাঙার আগের নীরবতা সবচেয়ে বিপজ্জনক,
কিন্তু যদি কেউ দাঁড়িয়ে থাকে,
তাহলে সেই নীরবতাও
তার পক্ষে কাজ করে।

অধ্যায় ৪৪: সীমানা টানা

পার্ট ১: মুখোমুখির পরের নীরবতা

ব্রিজের নিচে কথাগুলো শেষ হওয়ার পরও কেউ নড়ল না কিছুক্ষণ। বাতাসে ঠান্ডা, নদীর জল ধীরে বইছে। সৎ ভাইয়ের চোখে সেই একই তীক্ষ্ণতা, কিন্তু এবার সেখানে অস্থিরতাও আছে। আরহান বুঝল—খেলা সমান হয়েছে।
“তুমি কী চাও?” সৎ ভাই আবার জিজ্ঞেস করল।
আরহান বলল, “যা আমার, সেটা নিয়ে আমি আর লড়াই করব না। কিন্তু যা আমার না, সেটা নিতে দেব না।”
কথাটা শান্ত, কিন্তু রেখা টেনে দেয়।
সৎ ভাই একটু হেসে বলল, “তুমি ভাবছো তুমি বদলে গেছো বলে সব বদলে যাবে?”
আরহান উত্তর দিল না। সে শুধু তাকিয়ে রইল। এই তাকানোতেই উত্তর আছে।

পার্ট ২: শর্ত, যেটা চাপ না, স্পষ্টতা

“শোনো,” আরহান ধীরে বলল, “আমি তোমাকে থামাতে আসিনি। আমি শুধু বলছি—এখান থেকে দূরে থাকো।”
সৎ ভাই মাথা কাত করে বলল, “আর না থাকলে?”
“তাহলে আমি থামাব,” আরহান বলল।
কথাটা খুব সহজ, তবু কোনো হুমকি নেই। শুধু স্পষ্টতা।
এই স্পষ্টতাই নতুন।
সৎ ভাই কিছুক্ষণ চুপ করে থাকল।

তারপর বলল, "দেখি তুমি কতটা পারো।"
এই 'দেখি' শব্দটা চ্যালেঞ্জ, কিন্তু আগের মতো ধারালো না।

পার্ট ৩: ফিরে আসা, কিন্তু আগের মতো না

আরহান ঘুরে দাঁড়াল। এবার সে পিছনে তাকাল না। গাড়িতে উঠে কিছুক্ষণ বসে রইল। হাত দুটো স্টিয়ারিংয়ে, কিন্তু মাথার ভেতর শান্ত একটা জায়গা তৈরি হচ্ছে।
সে বুঝল—আজ কোনো যুদ্ধ হয়নি, তবু কিছু বদলে গেছে।
কিছু সীমানা টানা হয়েছে।
আর সীমানা টানা মানেই শেষ না, শুরু।

পার্ট ৪: ঘরের ভেতর সত্যিকারের শক্তি

বাড়িতে ঢুকতেই সায়রা দরজার কাছে ছিল।
"এসেছেন," সে বলল।
এই কথাটার ভেতরে অপেক্ষা নেই, আছে নিশ্চিততা।
আরহান জুতো খুলে ভেতরে এল।
"সব ঠিক?"
সে বলল, "পুরো না, কিন্তু ঠিক হচ্ছে।"
সায়রা মাথা নাড়ল, "এটাই যথেষ্ট।"
এই 'যথেষ্ট' শব্দটা তার ভেতরে গিয়ে বসে।
সে বুঝল—সবকিছু নিখুঁত না হলেও চলবে।

পার্ট ৫: ভালোবাসা, যেটা শক্ত করে

রাতের খাবার টেবিলে দু'জন বসে। খুব সাধারণ খাবার—ভাত, ডাল, একটা সবজি।
তবু এই মুহূর্তটা ভরাট।
"আপনি আজ বদলে গেছেন," সায়রা বলল।
আরহান একটু হাসল, "আমি শুধু থামিনি।"
"থামা আর হার মানা এক না," সায়রা বলল।
কথাটা শুনে সে মাথা নাড়ল।
এই কথাগুলোই তাকে শক্ত করে।

পার্ট ৬: সীমানার ভেতর শান্তি

রাত নেমে আসে। জানালার বাইরে অন্ধকার, ভেতরে আলো।
আরহান জানালার পাশে দাঁড়িয়ে থাকে।
তার মনে হয়—সব লড়াই জেতা যায় না, কিন্তু কিছু লড়াইয়ে দাঁড়িয়ে থাকাই জয়।
সে ধীরে বলে, "আমি ভয় পাই এখনো।"
সায়রা পাশে এসে দাঁড়ায়, "ভয় থাকলে মানুষ সাবধানে থাকে।"
এই কথাটা তাকে শান্ত করে।
সে বুঝল—
সীমানা টানা মানে দেয়াল না,
বরং নিজের জায়গাটা জানা।
আর সেই জায়গাটা যদি ঠিক থাকে,
তাহলে বাইরে যত ঝড়ই হোক,
ভেতরে আলো থাকে।

অধ্যায় ৪৫: আঘাত, খুব কাছ থেকে

পার্ট ১: স্বাভাবিক দিনের ভেতর ফাটল

সকালটা খুব সাধারণ ছিল। সায়রা রান্নাঘরে, আরহান টেবিলে বসে কাজের নোট দেখছিল।
হঠাৎ বাইরে একটা শব্দ—কাচ ভাঙার মতো। দু'জনই থেমে গেল।
আরহান দ্রুত দরজার দিকে এগোল। বাইরে গিয়ে দেখল—গাড়ির পাশের কাচ ভাঙা,
মাটিতে ছড়িয়ে আছে টুকরো।
তার বুকের ভেতর একটা ঠান্ডা শূন্যতা তৈরি হলো।
এই প্রথম আঘাত এত কাছে এল।
এটা আর শুধু ভয় দেখানো না, এটা ছোঁয়া।

পার্ট ২: ভয়কে নাম দেওয়া

সায়রা দরজার কাছে এসে দাঁড়াল।
"কি হয়েছে?"
আরহান ধীরে বলল, "ওরা এসেছে।"

কথাটা খুব শান্তভাবে বলা, তবু এর ভেতরে ঝড়।
সায়রা কিছুক্ষণ চুপ করে থেকে বলল, "তাহলে এবার আমরা প্রস্তুত।"
এই 'আমরা' শব্দটা আবারও তাকে থামিয়ে দিল।
সে বুঝল—এই ভয়টা এখন শুধু তার না।

পার্ট ৩: রাগ, যেটা নিয়ন্ত্রণে

আরহান মুঠো শক্ত করল। তার ভেতরে রাগ উঠছে, কিন্তু এবার সে সেটা ছাড়ছে না।
আগে হলে সে তাড়াহুড়ো করে বেরিয়ে যেত, খুঁজে বের করার চেষ্টা করত।
এবার সে দাঁড়িয়ে রইল।
গভীর শ্বাস নিল।
নিজেকে বলল—"এটা ওদের চাল।"
সে ভেতরে ফিরে এল।
এই ফিরে আসাটাই তার নতুন শক্তি।

পার্ট ৪: ভাঙা কাচ, না ভাঙা মানুষ

ঘরের ভেতরে বসে সায়রা ধীরে বলল, "আপনি ঠিক আছেন?"
আরহান মাথা নাড়ল, "হ্যাঁ।"
"ভয় পেয়েছেন?"
সে একটু থামল, তারপর বলল, "পেয়েছি… কিন্তু এবার আমি সেটা লুকাচ্ছি না।"
এই স্বীকারোক্তিটা তাকে হালকা করে।
সায়রা বলল, "ভয় থাকলে মানুষ আরও শক্ত হয়।"
এই কথাটা তার ভেতরে গিয়ে দাঁড়ায়।

পার্ট ৫: সিদ্ধান্ত, এবার শেষের দিকে

আরহান ফোন তুলে আবার সেই নম্বরে কল করল।
কোনো উত্তর নেই।
সে মেসেজ লিখল—"এবার শেষ করব।"
সেন্ড করল।

এই ছোট বাক্যটাই ঘোষণা।
সে জানে—এবার আর মাঝপথে থামা যাবে না।

পার্ট ৬: পাশে থাকা, শেষ পর্যন্ত

সন্ধ্যা নামল। ভাঙা কাচ সরানো হয়েছে, কিন্তু দাগ রয়ে গেছে।
আরহান জানালার পাশে দাঁড়িয়ে।
সায়রা পাশে এসে দাঁড়াল।
কিছু বলল না।
শুধু হাতটা আলতো করে ছুঁয়ে দিল।
এই ছোট স্পর্শটাই তাকে স্থির করে।
সে বুঝল—
আঘাত আসতেই পারে,
কিন্তু যদি মানুষ ভাঙে না,
তাহলে সেই আঘাতও শেষ হয়ে যায়।
আর পাশে যদি কেউ থাকে,
তাহলে সেই আঘাত
শুধু একটা দাগ হয়,
ভাঙন না।

অধ্যায় ৪৬: শেষ খেলার আগে

পার্ট ১: ভাঙা কাচের পরে নীরব প্রস্তুতি

সকালটা ভাঙা কাচের শব্দ মনে করিয়ে দিলেও ঘরের ভেতরে অদ্ভুত শান্তি। আরহান টেবিলে বসে কাগজ গুছাচ্ছে, ফোনে কয়েকটা নাম সেভ করছে। এবার সে তাড়াহুড়ো করছে না, হিসাব করে এগোচ্ছে। বাইরে নতুন কাচ বসানো হয়েছে, কিন্তু দাগটা রয়ে গেছে মনে।
সায়রা চা রেখে বলল, “আজ কি করবেন?”

আরহান বলল, "শেষ খেলার আগে প্রস্তুতি।"
কথাটা শুনে সায়রা কিছু বলল না, শুধু মাথা নাড়ল। এই বোঝাটাই যথেষ্ট।

পার্ট ২: জাল, এবার নিজের হাতে

সে কয়েকজন বিশ্বস্ত মানুষকে ডেকে পাঠাল। কেউ পুরোনো ব্যবসার , কেউ নিরাপত্তার কাজ জানে।
"আজ থেকে কেউ একা থাকবে না," আরহান বলল, "সবকিছু নজরে রাখতে হবে।"
একজন জিজ্ঞেস করল, "স্যার, সরাসরি যাবেন?"
আরহান মাথা নাড়ল, "না, এবার ওদের আনব।"
এই কথাটাই পরিকল্পনার কেন্দ্র।
সে বুঝেছে—শিকার হয়ে থাকলে খেলা শেষ হয় না, শিকারি হতে হয়।

পার্ট ৩: ঘরের ভেতর শক্তির জায়গা

সব প্রস্তুতির মাঝেও সে বারবার সায়রার দিকে তাকাচ্ছিল।
সে খুব স্বাভাবিকভাবে কাজ করছে—রান্না, ঘর গুছানো।
তবু তার উপস্থিতি পুরো জায়গাটাকে বদলে দেয়।
"আপনি চিন্তা করছেন," সায়রা বলল।
"হ্যাঁ," আরহান বলল, "কিন্তু এবার ভয় পাচ্ছি না।"
সায়রা হালকা হাসল, "তাহলে ঠিক আছেন।"
এই সহজ কথাটাই তাকে স্থির করে।

পার্ট ৪: ফাঁদ, যেটা এবার উল্টো

বিকেলে সে একটা মেসেজ পাঠাল—
"আজ রাত। পুরোনো গুদাম।"
এইবার জায়গাটা সে বেছে নিল, কিন্তু এমনভাবে যেন ওরা ভাববে—এটাই তাদের সুযোগ।
সে লোকেশনটা ইচ্ছা করেই খোলা রাখল।
একদিকে নজরদারি, অন্যদিকে অপেক্ষা।
এটা শুধু দেখা না, এটা ফাঁদ।

পার্ট ৫: যাওয়ার আগে মুহূর্ত

রাত নামার আগে সে দরজার সামনে দাঁড়াল।
সায়রা কাছে এসে বলল, “সব ঠিক হবে।”
আরহান বলল, “হবে… কারণ এবার আমরা প্রস্তুত।”
এই ‘আমরা’ শব্দটা আবারও তাকে শক্ত করে।
সে দরজা খুলে বাইরে বের হলো।
এইবার তার পা ভারী না।

পার্ট ৬: ঝড়ের আগে শেষ শান্তি

গাড়িতে বসে সে কিছুক্ষণ চুপ করে থাকল।
শহরের আলো জ্বলছে, রাস্তা ব্যস্ত, তবু তার ভেতরে শান্তি।
সে জানে—আজ যা শুরু হবে, সেটা শেষ না হওয়া পর্যন্ত থামবে না।
কিন্তু এবার সে একা না, আর আগের মতো অন্ধও না।
সে গাড়ি স্টার্ট করল।
গন্তব্য—পুরোনো গুদাম।
তার মনে হলো—
শেষ খেলা সবসময় জোরে শুরু হয় না,
অনেক সময়
এভাবে নীরবে শুরু হয়।
আর যেটা নীরবে শুরু হয়,
সেটাই সবচেয়ে বেশি বদলে দেয় সবকিছু।

অধ্যায় ৪৭: মুখোমুখি, শেষবার

পার্ট ১: গুদামের অন্ধকারে দাঁড়িয়ে থাকা

পুরোনো গুদামটা দূর থেকেই আলাদা লাগে। ভাঙা দেয়াল, মরচেধরা গেট, ভেতরে অন্ধকার জমে আছে। আরহান গাড়ি একটু দূরে রেখে হেঁটে এগোল। তার প্রতিটা পদক্ষেপ হিসেব করে। চারপাশে তার লোকজন ছড়িয়ে আছে, চোখে না পড়লেও উপস্থিত। আজ সে একা না, কিন্তু সামনে দাঁড়াবে একাই।

গেট পেরিয়ে ভেতরে ঢুকতেই ঠান্ডা বাতাস লাগল। গুদামের মাঝখানে দাঁড়িয়ে সে অপেক্ষা করল।
অপেক্ষা এবার অস্থির না, প্রস্তুত।

পার্ট ২: আগমন, কোনো লুকোচুরি নেই

কিছুক্ষণ পর আলো কেটে একটা গাড়ি ঢুকল। দরজা খুলে নেমে এল তার সৎ ভাই।
এইবার কোনো ছায়া না, কোনো দূরত্ব না।
সরাসরি সামনে।
"তুমি সত্যিই এসেছো," সে বলল।
আরহান শান্তভাবে বলল, "শেষ করার জন্য আসা লাগে।"
এই কথাটা নরম, তবু ভারী।

পার্ট ৩: সত্য, যেটা বদলে দেয় সব

"তুমি কি ভাবছো, আমাকে থামাতে পারবে?"
প্রশ্নটা চ্যালেঞ্জের মতো।
আরহান বলল, "আমি তোমাকে থামাতে আসিনি। আমি নিজেকে থামাতে আসিনি।"
কথাটা শুনে সৎ ভাই একটু থামল।
"তাহলে?"
"আমি শুধু এইটা শেষ করতে চাই," আরহান বলল, "যেটা অনেকদিন আগে শুরু হয়েছিল।"
এই কথাগুলোতে কোনো রাগ নেই, শুধু সিদ্ধান্ত।

পার্ট ৪: চাল, যেটা ভেঙে দেয় খেলা

সৎ ভাই এগিয়ে এল, "তুমি একা?"
আরহান হালকা হাসল, "তুমি কি একা?"
এই কথাটা শুনে সে চারপাশে তাকাল।
ঠিক তখনই ছায়া থেকে কয়েকজন বেরিয়ে এল—আরহানের লোকজন।
সবকিছু পরিষ্কার।
খেলা ঘুরে গেছে।

“তুমি আমাকে ফাঁদে ফেলেছো,” সৎ ভাই বলল।
আরহান বলল, “না… তুমি নিজেই ঢুকেছো।”

পার্ট ৫: শেষ সিদ্ধান্ত

কিছুক্ষণ নীরবতা।
তারপর আরহান ধীরে বলল, “এখানেই শেষ।”
সৎ ভাই কিছু বলতে গেল, থেমে গেল।
সে বুঝে গেছে—এবার তার পথ বন্ধ।
আরহান বলল, “তুমি যা করেছো, তার হিসাব হবে।”
এই কথাটা ঘোষণা না, সত্যি।

পার্ট ৬: ফিরে আসা, এবার সত্যিকারের

সবকিছু শেষ হওয়ার পর গুদামের ভেতর আবার নীরবতা নেমে এল।
আরহান ধীরে বাইরে বেরিয়ে এল।
আকাশে রাত, কিন্তু তার ভেতরে হালকা একটা আলো।
সে গাড়িতে উঠে বসে কিছুক্ষণ চোখ বন্ধ করল।
তার মনে হলো—
শেষ মানে শুধু শেষ না,
এটা মুক্তিও।
সে ফোন বের করে ছোট্ট একটা মেসেজ লিখল—
“সব শেষ।”
সেন্ড করল।
এইবার সে জানে—
সে সত্যিই ফিরে যাচ্ছে।
শুধু জায়গায় না,
নিজের কাছে।

অধ্যায় ৪৮: ঝড়ের পর

পার্ট ১: খুব সাধারণ এক সকাল, তবু নতুন

সকালটা অদ্ভুত শান্ত। যেন শহরটাও একটু ধীরে চলছে। আরহান জানালার পাশে দাঁড়িয়ে ছিল, রোদটা নরম। অনেকদিন পর সে বুঝল—আজ তার ভেতরে কোনো তাড়া নেই। গত রাতের ঘটনাগুলো যেন দূরের কোনো গল্প।

পেছন থেকে সায়রার পায়ের শব্দ।

"আপনি ঘুমিয়েছিলেন?"

আরহান হালকা হাসল, "কিছুটা।"

"এখন কেমন লাগছে?"

সে একটু ভেবে বলল, "হালকা।"

এই এক শব্দেই সব বোঝা যায়।

পার্ট ২: ছোট ছোট কাজ, বড় শান্তি

রান্নাঘরে দু'জন একসাথে দাঁড়াল।

চুলায় পানি ফুটছে, চায়ের গন্ধ উঠছে।

এই দৃশ্যটা এত সাধারণ, তবু আজ অন্যরকম।

আরহান বলল, "আমি আগে ভাবতাম, বড় কিছু করলে তবেই সব ঠিক হয়।"

সায়রা বলল, "সব ঠিক হয় ছোট ছোট জিনিসে।"

কথাটা খুব সহজ, তবু সত্যি।

সে কাপটা হাতে নিয়ে বুঝল—এই মুহূর্তটাই আসল।

পার্ট ৩: অতীত, এবার আর ভারী না

দুপুরে বসে আরহান পুরোনো কিছু ফাইল দেখছিল।

যেগুলো একসময় তার কাছে গুরুত্বপূর্ণ ছিল, আজ সেগুলো কাগজের মতোই হালকা।

সে একটা ফাইল বন্ধ করে রাখল।

নিজেকে বলল—"সবকিছু ধরে রাখতে হয় না।"

এই উপলব্ধিটা তাকে মুক্ত করে।

পার্ট ৪: পাশে থাকা, স্বাভাবিকভাবে

বিকেলে সায়রা জানালার পাশে বসে ছিল।
হাতে তসবিহ, চোখে শান্তি।
আরহান গিয়ে পাশে দাঁড়াল।
“সব শেষ?” সায়রা জিজ্ঞেস করল।
আরহান বলল, “হ্যাঁ… এবার সত্যি।”
এই কথাটা বলার সময় তার কণ্ঠে কোনো দ্বিধা নেই।
সায়রা হালকা হাসল।
কিছু বলল না।
এই না-বলাটাই যথেষ্ট।

পার্ট ৫: নতুন পথের শুরু

সন্ধ্যা নামল।
ঘরের ভেতর আলো জ্বলল।
আরহান ধীরে বলল, “আমি ভাবছি… শহরটা ছেড়ে দেব।”
সায়রা তাকাল, “কোথায় যাবেন?”
“যেখানে সবকিছু সহজ,” সে বলল, “একটা ছোট জায়গা… একটা স্কুল… নতুন জীবন।”
কথাটা শুনে সায়রার চোখে নরম আলো।
“চলুন,” সে বলল।
এই এক শব্দেই সম্মতি।

পার্ট ৬: যা থাকে, শেষ পর্যন্ত

রাত নেমে আসে।
জানালার বাইরে আকাশ পরিষ্কার।
আরহান চুপ করে দাঁড়িয়ে থাকে।
তার মনে হয়—
ঝড় যত বড়ই হোক,
শেষে শান্তি আসে।
আর সেই শান্তিটা যদি কারো সাথে ভাগ করা যায়,

তাহলেই জীবন পূর্ণ হয়।
সে সায়রার দিকে তাকায়।
এই মানুষটার পাশে দাঁড়িয়ে সে বুঝতে পারে—
ভালোবাসা মানে জেতা না,
ভালোবাসা মানে থাকা।
আর সে এখন
ঠিক জায়গায় আছে।

অধ্যায় ৪৯: ফেরা, অন্য জীবনে

পার্ট ১: শহর ছেড়ে যাওয়ার সকাল

সকালটা ব্যস্ত না, তবু ভেতরে একটা নরম তাড়াহুড়ো। ঘরের জিনিসপত্র গুছানো, অপ্রয়োজনীয় জিনিস আলাদা করা—সবকিছু ধীরে চলছে। আরহান তাকিয়ে আছে চারপাশে। এই ঘরটা তাকে অনেক কিছু দিয়েছে, আবার অনেক কিছু নিয়েও নিয়েছে।
সায়রা কাপড় ভাঁজ করতে করতে বলল, "সবকিছু নিতে হবে না।"
আরহান হালকা হাসল, "যা দরকার, সেটাই নেব।"
এই কথাটার ভেতরে শুধু জিনিস না, জীবনের কথাও আছে।
সে বুঝল—সবকিছু সঙ্গে নিয়ে গেলে এগোনো যায় না।

পার্ট ২: শেষবার দেখা, তবু বিদায় না

বের হওয়ার আগে আরহান একবার ঘরটা ঘুরে দেখল। জানালা, টেবিল, সেই জায়গাগুলো—যেখানে অনেক মুহূর্ত জমে আছে।
সে হাত দিয়ে টেবিলটা ছুঁয়ে বলল, "এখানে আমি অনেক কিছু শিখেছি।"
সায়রা পাশে এসে দাঁড়াল, "এখন এগুলো নিয়েই এগোবো।"
কথাটা খুব সহজ, তবু গভীর।

তারা দরজা বন্ধ করল।
কিন্তু এটা বিদায় না, এটা ফেরা।

পার্ট ৩: পথে, নতুন অনুভূতি

গাড়ি শহর ছাড়িয়ে এগোতে লাগল।
রাস্তার দুই পাশে ধীরে ধীরে বদলে যাচ্ছে দৃশ্য—উঁচু বিল্ডিং থেকে খোলা মাঠ, ব্যস্ততা থেকে নীরবতা।
আরহান জানালার বাইরে তাকিয়ে বলল, “এটা অন্যরকম লাগছে।”
সায়রা বলল, “কারণ আপনি এবার খুঁজতে যাচ্ছেন না, থাকতে যাচ্ছেন।”
এই কথাটা শুনে সে চুপ করে গেল।
কারণ এই প্রথম সে কোথাও ‘থাকার’ জন্য যাচ্ছে।

পার্ট ৪: নতুন জায়গা, খুব সাধারণ

গ্রামের রাস্তায় ঢুকতেই কাঁচা পথ, গাছের ছায়া, দূরে পুকুরের জল—সবকিছু খুব সহজ।
একটা ছোট বাড়ির সামনে গাড়ি থামল।
এটাই তাদের নতুন জায়গা।
বাড়িটা বড় না, তবু খোলা।
বাতাস ঢুকছে, আলো ঢুকছে।
আরহান দরজার সামনে দাঁড়িয়ে বলল, “এখানে শান্তি আছে।”
সায়রা হালকা হাসল, “শান্তি জায়গায় না, মনে থাকে।”
কথাটা সত্যি, তবু জায়গাটাও ঠিক মনে হচ্ছে।

পার্ট ৫: শুরু, খুব ছোট করে

বিকেলে তারা দু’জন মিলে ঘর গুছাতে লাগল।
মেঝে ঝাড়া, জানালা খুলে দেওয়া, কিছু জিনিস ঠিক জায়গায় রাখা—সবকিছু খুব সাধারণ।
তবু এই সাধারণ কাজের ভেতরে একটা আনন্দ আছে।
আরহান বলল, “আমি এখানে একটা স্কুল করব।”
সায়রা তাকাল, “করুন।”

এই 'করুন' শব্দটার ভেতরে বিশ্বাস আছে।
সে বুঝল—এটা শুধু ভাবনা না, এটা তার নতুন পথ।

পার্ট ৬: সন্ধ্যা, যেখানে সব মিলে যায়

সন্ধ্যা নামল।
গ্রামের আকাশে আলো কম, তবু তারা বেশি।
আরহান বাইরে দাঁড়িয়ে আকাশের দিকে তাকিয়ে ছিল।
সে ধীরে বলল, "আমি আগে কখনো এত শান্ত ছিলাম না।"
সায়রা পাশে এসে দাঁড়াল, "কারণ আপনি এবার কিছু হারাননি, পেয়েছেন।"
কথাটা শুনে সে হালকা হাসল।
তার মনে হলো—
জীবন সবসময় বড় কিছু দিয়ে বদলায় না,
কখনো কখনো
একটা ছোট সিদ্ধান্তই সব বদলে দেয়।
আর আজ
সে সেই সিদ্ধান্তটা নিয়েছে।

অধ্যায় ৫০: ছোট স্বপ্ন, বড় শান্তি

পার্ট ১: নতুন সকালের গন্ধ

সকালে ঘুম ভাঙতেই আরহান বুঝল—এই জায়গার সকাল আলাদা। শহরের মতো কোনো শব্দ নেই, শুধু পাখির ডাক আর দূরের মানুষের কণ্ঠ। জানালা দিয়ে আলো ঢুকছে নরমভাবে। সে কিছুক্ষণ শুয়ে থেকেই সেই আলোটা অনুভব করল। পাশে সায়রা তখনও আধো ঘুমে।
সে ধীরে উঠে বাইরে গেল। উঠোনে হালকা কুয়াশা। বাতাসে মাটির গন্ধ।
তার মনে হলো—এই গন্ধটাই সে খুঁজছিল অনেকদিন।

পার্ট ২: প্রথম পরিকল্পনা

খাওয়ার সময় আরহান একটা খাতা নিয়ে বসে।
কিছু লাইন টানে, কিছু লিখে।
সায়রা তাকিয়ে জিজ্ঞেস করে, “কি করছেন?”
“স্কুলের প্ল্যান,” সে বলল।
“কেমন হবে?”
আরহান একটু ভেবে বলল, “খুব বড় কিছু না… কিন্তু যেন বাচ্চারা এখানে এসে হাসতে পারে।”
এই কথাটা বলার সময় তার চোখে একটা আলাদা আলো।
সায়রা মাথা নাড়ল, “তাহলেই বড় হবে।”

পার্ট ৩: মানুষের সাথে প্রথম দেখা

দুপুরে গ্রামের কয়েকজন মানুষ এল।
কেউ কৌতূহলী, কেউ অবাক।
“নতুন এসেছেন?” একজন জিজ্ঞেস করল।
আরহান হাসল, “হ্যাঁ।”
“কি করবেন এখানে?”
সে বলল, “একটা স্কুল বানাতে চাই।”
লোকগুলো একে অন্যের দিকে তাকাল।
তারপর একজন বলল, “ভালো কাজ।”
এই ছোট স্বীকৃতিটা তার কাছে অনেক বড় লাগল।

পার্ট ৪: মাটিতে বসে স্বপ্ন দেখা

বিকেলে আরহান আর সায়রা একসাথে খালি জায়গাটায় দাঁড়াল—যেখানে স্কুলটা হবে।
মাটির ওপর দাগ কেটে আরহান বলল, “এখানে ক্লাসরুম… এখানে মাঠ…”
সায়রা শুনছে, মাঝে মাঝে হালকা হাসছে।
“বাচ্চারা এখানে দৌড়াবে,” সে বলল।
আরহান থেমে গেল।
তার মনে হলো—এই দৃশ্যটা সে দেখতে পাচ্ছে।

পার্ট ৫: ভালোবাসা, খুব সাধারণভাবে

ফিরে আসার পথে সায়রা বলল, "আপনি এখন অন্যরকম লাগছেন।"
আরহান জিজ্ঞেস করল, "কেমন?"
"হালকা," সে বলল।
আরহান একটু হাসল, "হয়তো আমি এখন কিছু ধরে রাখার চেষ্টা করছি না।"
এই কথাটা খুব ছোট, তবু গভীর।

পার্ট ৬: শান্তির ভেতর পূর্ণতা

সন্ধ্যায় দু'জন উঠোনে বসে।
আকাশে তারা, চারপাশে নীরবতা।
আরহান ধীরে বলল, "আমি আগে ভাবতাম, সবকিছু জিততে হয়।"
সায়রা তাকাল, "এখন?"
"এখন মনে হয়, কিছু জিনিস শুধু পেতে হয়," সে বলল।
এই কথাটা বলার সময় তার কণ্ঠে শান্তি।
সায়রা কিছু বলল না।
শুধু পাশে বসে রইল।
এই পাশে থাকাটাই যথেষ্ট।
আরহান আকাশের দিকে তাকিয়ে বুঝল—
জীবন কখনো কখনো খুব সহজ হয়ে যায়,
যদি মানুষ ঠিক জায়গায় পৌঁছায়।
আর সে এখন
ঠিক জায়গাতেই আছে।

অধ্যায় ৫১: ইট, বালি, স্বপ্ন

পার্ট ১: কাজের শুরু, খুব সাধারণভাবে

সকালটা আজ একটু ব্যস্ত। উঠোনে ইট এসে পৌঁছেছে, পাশে বালির স্তূপ। গ্রামের দুইজন মিস্ত্রি দাঁড়িয়ে জায়গা দেখছে। আরহান মাটিতে দাগ টেনে দেখাচ্ছে—"এখানে দেয়াল উঠবে, এখানে দরজা।"

তার কণ্ঠে কোনো তাড়া নেই, তবু স্পষ্টতা আছে।
সায়রা দূরে দাঁড়িয়ে দেখছে। তার চোখে শান্ত একটা গর্ব।

পার্ট ২: হাত মেলানো মানুষগুলো

একজন বৃদ্ধ এগিয়ে এসে বলল, "আমরাও একটু সাহায্য করব।"
আরহান অবাক হয়ে তাকাল।
"কেন?"
লোকটা হাসল, "স্কুল হলে তো আমাদের বাচ্চারাই পড়বে।"
এই সহজ কথাটাই সব বদলে দিল।
আরহান মাথা নাড়ল, "তাহলে একসাথে করি।"
এই 'একসাথে' শব্দটা আজ নতুন মানে পেল।

পার্ট ৩: সায়রার ছোট অবদান

দুপুরে সায়রা সবার জন্য পানি আর হালকা খাবার নিয়ে এল।
কেউ কিছু বলেনি, তবু সবাই হাসল।
এই ছোট যত্নটাই জায়গাটাকে আপন করে দিল।
একজন মহিলা সায়রাকে বলল, "আপনি এখানে ভালো থাকবেন।"
সায়রা হালকা হাসল, "আমরা চেষ্টা করছি।"
এই 'আমরা' শব্দটা তার কাছে এখন স্বাভাবিক।

পার্ট ৪: ধীরে ধীরে দাঁড়ানো দেয়াল

বিকেলে প্রথম ইট বসানো হলো।
আরহান কিছুক্ষণ চুপ করে দাঁড়িয়ে দেখল।
এই ছোট দেয়ালটাই একদিন স্কুল হবে—এই ভাবনাটা তাকে থামিয়ে দিল।
সে নিচু হয়ে একটা ইট হাতে তুলে রাখল।
তার মনে হলো—সে শুধু দেয়াল না, একটা ভবিষ্যৎ গড়ছে।

পার্ট ৫: ক্লান্তি, তবু তৃপ্তি

সন্ধ্যা নামতে নামতে কাজ থামল।
মাটিতে ছড়িয়ে আছে ইট, হাত ময়লা, শরীর ক্লান্ত।
তবু আরহানের মুখে একটা নরম হাসি।
সায়রা পাশে এসে বলল, “আজ খুব কষ্ট হয়েছে?”
আরহান বলল, “হয়েছে··· কিন্তু ভালো লাগছে।”
এই ‘ভালো লাগা’টাই আসল।

পার্ট ৬: রাত, যেখানে স্বপ্ন বড় হয়

রাতে উঠোনে বসে দু’জন চুপ করে ছিল।
দূরে ঝিঁঝিঁ পোকার শব্দ, আকাশে তারা।
আরহান ধীরে বলল, “আমি ভাবিনি, এত ছোট কাজ এত বড় লাগতে পারে।”
সায়রা বলল, “কারণ এটা নিজের জন্য না।”
কথাটা শুনে সে মাথা নাড়ল।
সে বুঝল—
স্বপ্ন বড় হতে হলে,
তার শুরুটা ছোটই হয়।
আর সেই ছোট শুরুটাই
আজ তাদের জীবনের সবচেয়ে বড় জিনিস।

অধ্যায় ৫২: বৃষ্টির দিন, ভিতের শক্তি

পার্ট ১: হঠাৎ থেমে যাওয়া কাজ

সকালটা শুরু হয়েছিল কাজের শব্দে। মিস্ত্রিরা দেয়াল তুলছিল, আরহান মাপ নিচ্ছিল। ঠিক তখনই আকাশ কালো হলো। একটু পরেই বৃষ্টি নামল—প্রথমে ধীরে, তারপর একটানা।
কাজ থেমে গেল। ইটগুলো ভিজে যাচ্ছে, বালির ঢিবি নরম হয়ে আসছে।
আরহান ছাউনি টেনে দিল, কিছু জিনিস সরিয়ে রাখল। তবু সে জানে—আজ আর কাজ হবে না।
তার ভেতরে হালকা অস্থিরতা এল।
যেটা সে গড়ছে, সেটাই যেন থেমে গেল।

পার্ট ২: অপেক্ষা শেখা

সায়রা এসে পাশে দাঁড়াল।
“আজ না হলে কাল হবে,” সে বলল।
আরহান বৃষ্টির দিকে তাকিয়ে রইল।
“সবকিছু কি সময়মতো হয়?”
সায়রা বলল, “যেটা টেকে, সেটা ধীরে হয়।”
কথাটা খুব সাধারণ, তবু গভীর।
সে বুঝল—দেয়াল যেমন একদিনে ওঠে না, তেমনি স্বপ্নও না।

পার্ট ৩: বৃষ্টির ভেতর ছোট আনন্দ

বৃষ্টি একটু বাড়তেই উঠোনে পানি জমল।
কিছু বাচ্চা দূরে দাঁড়িয়ে দেখছিল।
তারপর একজন নেমে গেল পানিতে, ছিটিয়ে দিল।
আরেকজন হাসতে হাসতে দৌড়াল।

কিছুক্ষণের মধ্যে পুরো উঠোন ভরে গেল তাদের হাসিতে।
আরহান দাঁড়িয়ে দেখছিল।
তার মনে হলো—এই হাসির জন্যই তো সে স্কুল বানাচ্ছে।

পার্ট ৪: ভিজে যাওয়া মুহূর্ত

সায়রা হালকা বৃষ্টিতে দাঁড়িয়ে ছিল।
ওড়না একটু ভিজে গেছে, তবু সে সরছে না।
আরহান বলল, "ভিজবে?"
সায়রা হেসে বলল, "কখনো কখনো ভিজতে হয়।"
কথাটা শুনে সে এগিয়ে গেল।
দু'জন পাশাপাশি দাঁড়িয়ে রইল বৃষ্টির নিচে।
এই মুহূর্তটা খুব ছোট, তবু মনে রাখার মতো।

পার্ট ৫: থেমে না যাওয়া স্বপ্ন

বৃষ্টি ধীরে ধীরে কমল।
মাটিতে কাদা, কাজ বন্ধ।
তবু আরহানের ভেতরে কোনো হতাশা নেই।
সে মাটির দিকে তাকিয়ে বলল, "কাল আবার শুরু করব।"
সায়রা বলল, "হ্যাঁ, আবার।"
এই 'আবার' শব্দটাই এগোনোর শক্তি।

পার্ট ৬: রাত, যেখানে বোঝা যায় সব

রাতে দু'জন বসে ছিল।
বৃষ্টির পরের বাতাস ঠান্ডা, আকাশ পরিষ্কার।
আরহান ধীরে বলল, "আজ কাজ হয়নি, তবু মনে হচ্ছে এগিয়েছি।"
সায়রা তাকাল, "কারণ আপনি থামেননি।"
কথাটা শুনে সে হালকা হাসল।
সে বুঝল—
কাজ থেমে যেতে পারে,

কিন্তু ইচ্ছে থামলে তবেই সব থামে।
আর তার ইচ্ছে এখন
আগের চেয়ে অনেক শক্ত।

অধ্যায় ৫৩: দরজার ওপারে প্রথম দিন

পার্ট ১: শেষ ইট, প্রথম শ্বাস

সকালটা আজ অন্যরকম। দেয়ালের প্লাস্টার শুকিয়েছে, দরজায় রং লেগেছে, জানালায় কাচ বসানো। ছোট্ট ভবনটা এখন দাঁড়িয়ে—নাম নেই, তবু পরিচয় আছে। আরহান দরজার সামনে দাঁড়িয়ে ছিল। হাত দিয়ে কাঠটা ছুঁয়ে দেখল। এই দরজার ওপারেই তার স্বপ্ন।
সায়রা পাশে এসে বলল, "আজ খুলবেন?"
আরহান হালকা মাথা নাড়ল, "আজই।"
কথাটা বলার ভেতরে উত্তেজনা নেই, আছে নীরব আনন্দ।

পার্ট ২: প্রথম বাচ্চারা

দুপুরের আগে কয়েকজন বাচ্চা এসে দাঁড়াল গেটের কাছে। কেউ লাজুক, কেউ কৌতূহলী।
"ভিতরে আসবো?" এক ছেলে জিজ্ঞেস করল।
আরহান হাসল, "এটাই তো তোমাদের জায়গা।"
বাচ্চারা ধীরে ভেতরে ঢুকল। মেঝেতে নতুন মাদুর, দেয়ালে খালি বোর্ড। তবু তাদের চোখে উজ্জ্বলতা।
এক মেয়ে দেয়ালে হাত রেখে বলল, "এখানে পড়াবেন?"
আরহান বলল, "হ্যাঁ, এখানেই।"
এই 'হ্যাঁ' শব্দটা আজ সবচেয়ে সত্যি।

পার্ট ৩: প্রথম ক্লাস, খুব সহজভাবে

আরহান বোর্ডের সামনে দাঁড়াল। চক হাতে নিয়ে একটু থামল।
তারপর লিখল—"শুরু।"
বাচ্চারা তাকিয়ে রইল।
সে ঘুরে বলল, "আজ আমরা শুধু নিজেদের নাম বলব।"

একজন বলল, “আমি রাফি।”
আরেকজন, “আমি মিতা।”
এক এক করে সবাই বলল।
এই নামগুলো খুব ছোট, তবু ভবিষ্যতের মতো।

পার্ট ৪: সায়রার নীরব অবদান

সায়রা এক কোণে বসে ছিল। মাঝে মাঝে বাচ্চাদের খাতা ঠিক করে দিচ্ছে, পানি দিচ্ছে।
কেউ তাকে ‘আপা’ বলে ডাকল।
সে হালকা হাসল।
এই ছোট ডাকটাই তাকে জায়গাটার অংশ করে দিল।
আরহান তাকিয়ে বুঝল—এই স্কুলটা শুধু তার না, তাদের।

পার্ট ৫: দিনের শেষে পূর্ণতা

বিকেলে বাচ্চারা চলে গেল। ঘরটা আবার খালি।
তবু আজ এই খালি জায়গাটাও ভরাট মনে হচ্ছে।
আরহান মেঝেতে বসে পড়ল।
“আজ সত্যি শুরু হলো,” সে বলল।
সায়রা পাশে বসে বলল, “আপনি তো অনেক আগেই শুরু করেছিলেন।”
কথাটা শুনে সে হাসল।
কারণ সে জানে—আজ সেই শুরুটা চোখে দেখা গেল।

পার্ট ৬: দরজা খোলা থাকুক

সন্ধ্যা নামল।
দরজাটা খোলা। বাতাস ঢুকছে।
আরহান দাঁড়িয়ে বাইরে তাকিয়ে বলল, “আমি চাই, এই দরজাটা সবসময় খোলা থাকুক।”
সায়রা বলল, “তাহলেই তো মানুষ আসবে।”
এই কথাটা শুনে সে মাথা নাড়ল।
সে বুঝল—
দরজা বন্ধ করলে ঘর হয়,

কিন্তু দরজা খুললে
জীবন হয়।
আর আজ
সে সেই দরজাটা খুলে দিয়েছে।

অধ্যায় ৫৪: নামের ভেতর অর্থ

পার্ট ১: একটা নাম খোঁজা

সকালের ক্লাস শুরু হওয়ার আগে আরহান বোর্ডের সামনে দাঁড়িয়ে ছিল। গতকালের লেখা "শুরু" এখনো আছে। সে ভাবছিল—এই জায়গার একটা নাম দরকার। নাম মানে শুধু পরিচয় না, একটা ভাবও।
সায়রা এসে পাশে দাঁড়াল।
"নাম ঠিক করেছেন?"
আরহান মাথা নাড়ল, "ভাবছি।"
"কেমন নাম চান?"
"যেটা শুনলে মনে হয় এখানে আসলে ভয় লাগে না," সে বলল।
কথাটা শুনে সায়রা একটু চুপ করে রইল।

পার্ট ২: ছোট একটা প্রস্তাব

কিছুক্ষণ পর সায়রা ধীরে বলল, "শান্তি?"
আরহান তাকাল।
"শান্তি মানে শুধু নীরবতা না," সে বলল, "মনে থাকা স্বস্তি।"
এই কথাটা শুনে আরহানের মুখে হালকা হাসি এল।
"শান্তি পাঠশালা," সে বলল ধীরে।
কথাটা বলার সাথে সাথেই মনে হলো—এটাই ঠিক।

পার্ট ৩: বোর্ডে লেখা নাম

ক্লাস শুরু হওয়ার আগে আরহান বোর্ডে লিখল—"শান্তি পাঠশালা"।
বাচ্চারা ঢুকে দেখে থেমে গেল।

"স্যার, এটা আমাদের স্কুলের নাম?"
একটা ছেলে জিজ্ঞেস করল।
আরহান বলল, "হ্যাঁ, তোমাদের।"
এই 'তোমাদের' শব্দটা তাদের চোখে উজ্জ্বলতা এনে দিল।

পার্ট ৪: নামের ভেতর সম্পর্ক

একজন মেয়ে বলল, "এখানে আসলে ভালো লাগে।"
আরেকজন বলল, "আমরা কি প্রতিদিন আসতে পারি?"
আরহান হেসে বলল, "এই জায়গা তো তোমাদের জন্যই।"
সায়রা পাশে দাঁড়িয়ে শুনছিল।
তার মনে হলো—এই নামটা শুধু বোর্ডে না, মানুষের ভেতরেও লিখে যাচ্ছে।

পার্ট ৫: ছোট স্বপ্ন, বড় হয়ে ওঠা

বিকেলে ক্লাস শেষ হওয়ার পর বাচ্চারা চলে গেল।
দেয়ালে নতুন নামটা রয়ে গেল।
আরহান বাইরে দাঁড়িয়ে বলল, "একটা নামও কত কিছু বদলে দেয়।"
সায়রা বলল, "কারণ নামের ভেতর উদ্দেশ্য থাকে।"
কথাটা শুনে সে মাথা নাড়ল।
সে বুঝল—এটা শুধু একটা স্কুল না, একটা জায়গা যেখানে মানুষ একটু স্বস্তি পায়।

পার্ট ৬: যেখানে থাকা যায়

সন্ধ্যায় উঠোনে বসে দু'জন চুপ করে ছিল।
হালকা বাতাস, দূরে ঝিঁঝিঁ পোকার শব্দ।
আরহান ধীরে বলল, "আমি চাই, এখানে কেউ ভয় না পায়।"
সায়রা বলল, "আপনি থাকলে ভয় থাকবে না।"
এই কথাটা শুনে সে হালকা হাসল।
তার মনে হলো—
জীবনে অনেক কিছু লাগে না,
শুধু একটা জায়গা লাগে

যেখানে মানুষ স্বস্তিতে থাকতে পারে।
আর আজ
সে সেই জায়গাটা তৈরি করতে পেরেছে।

অধ্যায় ৫৫: আলো থাকে

পার্ট ১: দিনের শেষে থেমে থাকা মুহূর্ত

সন্ধ্যা নামছে ধীরে। স্কুলঘরের দরজা আধখোলা, বোর্ডে এখনো লেখা—"শান্তি পাঠশালা।" মাদুরে বসে থাকা বাচ্চাদের উষ্ণতা যেন থেকে গেছে। আরহান দরজার চৌকাঠে দাঁড়িয়ে কিছুক্ষণ চুপ করে থাকল। এই নীরবতার ভেতরেও একটা শব্দ আছে—হালকা, স্থির, নিশ্চিন্ত।

পার্ট ২: ছোট কাজের দীর্ঘ ছায়া

সায়রা ভেতরে ঢুকে মাদুরগুলো গুছিয়ে রাখছে। একেকটা ভাঁজে যেন দিনের গল্প জমা হচ্ছে।
"আজ কেমন লাগল?" সে জিজ্ঞেস করল।
আরহান বলল, "মনে হচ্ছে ঠিক জায়গায় দাঁড়িয়ে আছি।"
এই কথাটা বলার সময় তার কণ্ঠে কোনো দ্বিধা নেই।
সে বুঝেছে—ঠিক জায়গা মানে বড় কিছু না, সঠিক অনুভূতি।

পার্ট ৩: মানুষের মুখ, ভবিষ্যতের রেখা

গেটের বাইরে দু'জন অভিভাবক দাঁড়িয়ে ছিল। তারা এগিয়ে এসে বলল, "ওরা খুব খুশি।"
আরহান মাথা নাড়ল, "ওদের জন্যই তো।"
একজন বলল, "আপনি থাকলে আমরা নিশ্চিন্ত।"
এই নিশ্চিন্ত কথাটাই সবচেয়ে বড় বিশ্বাস।
সে অনুভব করল—দায়িত্ব কখনো ভারী না, যদি সেটা মন থেকে নেওয়া হয়।

পার্ট ৪: দু'জনের নীরব সমঝোতা

বাড়িতে ফিরে দু'জন চুপচাপ বসে রইল।
চা ঠান্ডা হয়ে যাচ্ছে, তবু তারা তাড়াহুড়ো করছে না।
সায়রা ধীরে বলল, "আপনি বদলে গেছেন।"
আরহান হেসে বলল, "হয়তো আমি নিজেই হয়ে গেছি।"
এই কথাটার ভেতরে লুকিয়ে আছে অনেক পথ পেরোনো ক্লান্তি আর পাওয়া শান্তি।

পার্ট ৫: অতীত, এখন শুধু গল্প

রাত বাড়ে।
জানালার বাইরে অন্ধকার, ভেতরে নরম আলো।
আরহান কিছুক্ষণ ভেবে বলল, "আগে যা ছিল, এখন মনে হয় অন্য কারও গল্প।"
সায়রা তাকিয়ে বলল, "কারণ আপনি সেই মানুষটা আর না।"
সে মাথা নাড়ল।
কিছু গল্প থাকে, কিন্তু সেগুলো আর জীবন চালায় না।

পার্ট ৬: শেষ নয়, থাকা

ঘুমাতে যাওয়ার আগে আরহান দরজাটা একবার খুলে বাইরে তাকাল। আকাশে তারা, বাতাসে হালকা শীতলতা।
সে ধীরে বলল, "সবকিছু শেষ হয়ে গেল?"
সায়রা পাশে এসে দাঁড়াল, "না, সবকিছু ঠিক হয়ে গেল।"
এই কথাটা শুনে সে হালকা হাসল।
তার মনে হলো—
শেষ বলে কিছু নেই,
শুধু এমন একটা জায়গা আসে
যেখানে মানুষ থামতে পারে।
আর সেই থামাটার ভেতরেই
আলো থাকে।

অধ্যায় ৫৬: গল্প, যেটা থেকে যায়

পার্ট ১: নতুন দিনের স্বাভাবিকতা

সকালটা এখন আর নতুন লাগে না, তবু প্রতিদিনের ভেতরেই একটা নতুনত্ব থাকে। স্কুলের সামনে বাচ্চারা জড়ো হচ্ছে, কেউ দৌড়ে আসছে, কেউ ধীরে হাঁটছে। আরহান দরজার পাশে দাঁড়িয়ে তাদের দেখছে। এই দৃশ্যটা এখন তার জীবনের অংশ।

একটা ছেলে এসে বলল, "স্যার, আজ গল্প বলবেন?"

আরহান হেসে বলল, "হয়তো।"

এই 'হয়তো' শব্দটার ভেতরে মজা আছে।

পার্ট ২: গল্পের শুরু, খুব সহজভাবে

ক্লাসে বসে সবাই চুপ।

আরহান বোর্ডে কিছু না লিখে বলল, "আজ আমি একটা গল্প বলব।"

বাচ্চারা আরও কাছে সরে এল।

"একটা ছেলে ছিল," সে বলল, "যে সবকিছু পেত, তবু খুশি ছিল না।"

কেউ কিছু বলল না।

সবাই শুনছে।

এই গল্পটা তার নিজের, তবু সে নাম নেয় না।

পার্ট ৩: শেখা, না বলেও বোঝানো

"সে ভাবত, বড় কিছু পেলেই ভালো লাগবে," আরহান বলল, "কিন্তু একদিন সে বুঝল, ছোট জিনিসেই শান্তি থাকে।"

একটা মেয়ে জিজ্ঞেস করল, "তারপর?"

আরহান একটু থামল, "তারপর সে এমন একটা জায়গা খুঁজে পেল, যেখানে সে থাকতে পারল।"

এই কথাটা বলার সময় তার চোখে নরম আলো।

পার্ট ৪: সায়রার নীরব হাসি

সায়রা দরজার পাশে দাঁড়িয়ে ছিল।
সে সব শুনছিল।
কিছু বলল না, শুধু হালকা হাসল।
এই হাসিটাই জানিয়ে দেয়—সে জানে গল্পটা কোথা থেকে এসেছে।

পার্ট ৫: গল্পের শেষ, আসলে শুরু

“গল্পটা শেষ?” একজন ছেলে জিজ্ঞেস করল।
আরহান মাথা নাড়ল, “না, গল্পগুলো কখনো শেষ হয় না।”
কথাটা শুনে বাচ্চারা চুপ করে রইল।
এই চুপটাই বোঝা।

পার্ট ৬: যা থেকে যায়

ক্লাস শেষ হয়ে গেলে আরহান বাইরে এসে দাঁড়াল।
বাচ্চাদের কোলাহল ধীরে ধীরে দূরে মিলিয়ে যাচ্ছে।
সে আকাশের দিকে তাকাল।
তার মনে হলো—
মানুষের জীবনও একটা গল্প,
যেটা কখনো পুরো বলা যায় না,
তবু কিছু অংশ থেকে যায়।
আর সেই থেকে যাওয়া অংশটাই
সবচেয়ে সত্যি।
সায়রা পাশে এসে দাঁড়াল।
কিছু বলল না।
কারণ কিছু গল্প
শুধু পাশে থাকলেই
সম্পূর্ণ হয়।

অধ্যায় ৫৭: ফিরে আসা, নীরবে

পার্ট ১: অচেনা মুখ, চেনা অনুভূতি

সকালটা অন্য দিনের মতোই ছিল, তবু দুপুরের দিকে গেটের সামনে একটা অচেনা মানুষ দাঁড়িয়ে থাকায় সবকিছু একটু থেমে গেল। দূর থেকে দেখলে বোঝা যায় না , কিন্তু কাছে আসতেই আরহান চিনে ফেলল। তার সৎ ভাই। অনেকদিন পর।

সে চুপ করে দাঁড়িয়ে আছে, আগের মতো তীক্ষ্ণ না, বরং ক্লান্ত।

আরহান কিছুক্ষণ তাকিয়ে থেকে এগিয়ে গেল।

"কেন এসেছো?"

প্রশ্নটা সরল, তবু ভেতরে অনেক কিছু।

পার্ট ২: নরম কণ্ঠ, বদলে যাওয়া মানুষ

সৎ ভাই ধীরে বলল, "দেখতে··· তুমি কেমন আছো।"

এই উত্তরটা অদ্ভুত।

আগের সেই চ্যালেঞ্জ নেই, নেই কোনো আক্রমণ।

আরহান চুপ করে রইল।

তার মনে হলো—মানুষ বদলায়, কখনো কখনো দেরিতে।

পার্ট ৩: মুখোমুখি, কিন্তু লড়াই না

"তুমি জিতেছো," সৎ ভাই বলল।

আরহান মাথা নাড়ল, "আমি জিতিনি··· আমি থেমেছি।"

এই কথাটা শুনে সে একটু হাসল।

"থামাটাও জেতা," সে বলল।

এই কথার ভেতরে কোনো তিক্ততা নেই।

পার্ট ৪: ক্ষমা, না বলা হলেও থাকে

কিছুক্ষণ দু'জন চুপ।

বাতাসে হালকা শব্দ, দূরে বাচ্চাদের হাসি।

সৎ ভাই ধীরে বলল, “সবকিছু ঠিক করা যায় না, তাই না?”
আরহান বলল, “না··· কিন্তু নতুন করে শুরু করা যায়।”
এই কথাটা খুব শান্তভাবে বলা, তবু গভীর।
সৎ ভাই মাথা নাড়ল।
এই মাথা নাড়ার ভেতরেই অনেক কিছু বলা হয়ে গেল।

পার্ট ৫: বিদায়, কিন্তু হালকা

সে ফিরে যেতে লাগল।
কোনো নাটক নেই, কোনো শেষ কথা না।
শুধু একবার ঘুরে তাকাল।
আরহান দাঁড়িয়ে রইল।
তার মনে হলো—এই বিদায়টা আগের মতো ভারী না।
এটা হালকা।

পার্ট ৬: যা থেকে যায়, সেটাই শান্তি

সায়রা পাশে এসে দাঁড়াল।
“সব ঠিক?”
আরহান বলল, “হয়তো··· এখন ঠিক।”
এই কথাটা বলার সময় তার কণ্ঠে একটা স্বস্তি।
সে বুঝল—
সবকিছু ঠিক না হলেও,
কিছু জিনিস ঠিক হয়ে যায়।
আর সেইটুকুই যথেষ্ট।
সে আকাশের দিকে তাকাল।
বাতাস নরম।
তার মনে হলো—
কিছু মানুষ চলে যায়,
তবু তাদের ছায়া থেকে যায় না,
যদি মানুষ নিজে আলো হয়ে ওঠে।

অধ্যায় ৫৮: থাকা, খুব সাধারণভাবে

পার্ট ১: দিন যেভাবে গড়ে ওঠে

সকালটা এখন নিয়মের মতো। বাচ্চারা আসে, মাদুরে বসে, কেউ বই খুলে, কেউ গল্প করে। আরহান বোর্ডে লিখে, আবার মুছে দেয়। এই ছোট ছোট কাজগুলোই দিনটাকে তৈরি করে।
একটা ছেলে এসে বলল, "স্যার, আজও গল্প?"
আরহান হেসে বলল, "আজ একটু পড়া, তারপর গল্প।"
এই কথাটায় বাচ্চারা খুশি হয়ে গেল।
কারণ তারা জানে—এখানে পড়া আর গল্প আলাদা না।

পার্ট ২: সায়রার ভেতরের শান্তি

সায়রা কোণে বসে বাচ্চাদের খাতা দেখছিল।
কেউ ভুল করলে সে ধীরে ঠিক করে দিচ্ছে, বকছে না।
একটা মেয়ে বলল, "আপা, আপনি রাগ করেন না কেন?"
সায়রা হালকা হাসল, "ভুল করলে ঠিক করতে হয়, রাগ করলে না।"
এই কথাটা খুব সহজ, তবু শেখার মতো।
আরহান দূর থেকে শুনে বুঝল—এই স্কুলের আসল শিক্ষা এখানেই।

পার্ট ৩: ছোট সাফল্য, বড় আনন্দ

দুপুরে এক ছেলে নিজের নাম ঠিক করে লিখতে পারল।
সে উঠে দাঁড়িয়ে বলল, "স্যার, আমি পারছি!"
তার চোখে যে আনন্দ, সেটা খুব বড় কোনো জয়ের মতো।
আরহান কাছে গিয়ে বলল, "এইটাই সবচেয়ে বড়।"
সে বুঝল—জীবনের বড় জিনিসগুলো এমনই ছোট মুহূর্তে আসে।

পার্ট ৪: দিনের শেষে নরম ক্লান্তি

ক্লাস শেষ হলে সবাই চলে যায়।
ঘরটা আবার নীরব।

আরহান মেঝেতে বসে একটু হেলান দিল।
"আজ ক্লান্ত লাগছে," সে বলল।
সায়রা পাশে বসে বলল, "ভালো ক্লান্তি।"
এই 'ভালো' শব্দটাই সব বদলে দেয়।
সে হাসল।

পার্ট ৫: একসাথে থাকা, খুব স্বাভাবিকভাবে

বিকেলে তারা উঠোনে বসে চা খাচ্ছিল।
কোনো বিশেষ কথা নেই।
তবু এই চুপটাই পূর্ণ।
আরহান বলল, "আমরা এখন খুব সাধারণ জীবন কাটাচ্ছি।"
সায়রা বলল, "সাধারণই সবচেয়ে সুন্দর।"
এই কথাটা শুনে সে মাথা নাড়ল।
সে বুঝল—জীবনকে কঠিন বানানো সহজ, সহজ রাখা কঠিন।

পার্ট ৬: শেষ না, চলতে থাকা

রাত নামল।
আকাশে তারা, বাতাসে নরম ঠান্ডা।
আরহান ধীরে বলল, "আমার মনে হয়, এখন কিছুই চাই না।"
সায়রা তাকাল, "কারণ আপনি যা দরকার, তা পেয়েছেন।"
এই কথাটা শুনে সে চুপ করে গেল।
তার মনে হলো—
জীবন সবসময় দৌড় না,
কখনো কখনো
থেকে যাওয়াই সবচেয়ে বড় পাওয়া।
আর সে এখন
থাকতে পারছে।

অধ্যায় ৫৯: যে সুখের শব্দ নেই

পার্ট ১: খুব চুপচাপ এক সকাল

সকালটা আজ অদ্ভুত শান্ত। বাচ্চারা আসার আগে স্কুলঘর ফাঁকা। জানালা দিয়ে আলো ঢুকছে, মেঝেতে ছায়া পড়ছে। আরহান বোর্ডের সামনে দাঁড়িয়ে ছিল, হাতে চক, তবু কিছু লিখছে না। এই না-লেখাটার ভেতরেই যেন অনেক কিছু আছে।

সায়রা দরজার পাশে দাঁড়িয়ে বলল, "আজ কি ভাবছেন?"

আরহান একটু হেসে বলল, "কিছু না… শুধু দেখছি।"

এই 'দেখা'টাই তার কাছে নতুন।

পার্ট ২: শব্দের বাইরে বোঝা

ক্লাস শুরু হলে বাচ্চারা আগের মতোই হাসতে হাসতে ঢুকল।

কেউ বই খুলল, কেউ জায়গা খুঁজল।

সবকিছু খুব স্বাভাবিক।

তবু এই স্বাভাবিকতার ভেতরেই একটা গভীর সুখ আছে।

একটা ছেলে বলল, "স্যার, আপনি আজ চুপ কেন?"

আরহান বলল, "কখনো কখনো চুপ থাকাও ভালো।"

বাচ্চাটা কিছু বুঝল না, তবু মাথা নাড়ল।

পার্ট ৩: ছোট মুহূর্ত, বড় অনুভূতি

একটা মেয়ে হঠাৎ উঠে এসে বলল, "স্যার, আমি আজ ভুল করিনি।"

তার চোখে আনন্দ।

আরহান বলল, "তুমি চেষ্টা করেছো, তাই পারছো।"

এই কথাটা বলার সময় তার নিজেরও ভালো লাগল।

সে বুঝল—মানুষ অন্যকে শেখাতে গিয়ে নিজেও শেখে।

পার্ট ৪: সায়রার পাশে থাকা

বিকেলে সায়রা উঠোনে গাছের পাশে বসে ছিল।
আরহান গিয়ে পাশে বসে।
কিছুক্ষণ কেউ কিছু বলে না।
এই চুপটা এখন আর ফাঁকা না, এটা ভরাট।
"আপনি খুশি?" সায়রা জিজ্ঞেস করল।
আরহান ধীরে বলল, "হ্যাঁ··· কিন্তু এটা বলা যায় না।"
এই কথাটার ভেতরে সেই অনুভূতি আছে, যেটার কোনো শব্দ নেই।

পার্ট ৫: নিজের ভেতরে ফিরে পাওয়া

সন্ধ্যার আলো কমে এলে আরহান আকাশের দিকে তাকাল।
তার মনে হলো—সে অনেকদিন পর নিজের ভেতরে ফিরে এসেছে।
কোনো প্রমাণ নেই, কোনো লড়াই নেই, শুধু থাকা।
এই থাকার ভেতরেই শান্তি।

পার্ট ৬: যে সুখ বোঝা যায়, বলা যায় না

রাত নামল।
বাতাসে ঠান্ডা, চারপাশে নীরবতা।
আরহান ধীরে বলল, "সবকিছু এত সহজ হয়ে যাবে, ভাবিনি।"
সায়রা বলল, "সহজ ছিল, আপনি দেরিতে বুঝেছেন।"
এই কথাটা শুনে সে হেসে ফেলল।
তার মনে হলো—
সুখ কখনো শব্দ করে না,
কখনো চুপচাপ এসে
মানুষের ভেতর বসে যায়।
আর তখন
মানুষ শুধু বুঝতে পারে,
বলার দরকার হয় না।

অধ্যায় ৬০: শেষ না, থাকা

পার্ট ১: ভোরের নরম আলো

ভোরে কুয়াশা নেমে আছে উঠোনে। পাখির ডাক খুব ধীরে ভেসে আসে। আরহান দরজার সামনে দাঁড়িয়ে থাকে, হাতে এক কাপ চা। এই সময়টায় কোনো তাড়া নেই, শুধু শ্বাস নেওয়া আছে। ভেতর থেকে সায়রার পায়ের শব্দ আসে।

"জেগে গেছেন?"

"হ্যাঁ," আরহান বলে, "এই সময়টা ভালো লাগে।"

সায়রা পাশে দাঁড়ায়। দু'জনেই কিছু বলে না। নীরবতাটাই যথেষ্ট।

পার্ট ২: দিনের সহজ শুরু

স্কুলের দরজা খুলতেই বাচ্চারা ঢুকে পড়ে। কেউ আগে এসে ঝাড়ু দেয়, কেউ বোর্ড মুছে। কাজগুলো তারা নিজেরাই ভাগ করে নেয়। আরহান শুধু দেখে।

একটা ছেলে বলল, "স্যার, আজ আমি বোর্ডে লিখব।"

আরহান মাথা নাড়ল, "লিখো।"

সে লিখল—"আমরা পারি।"

এই তিনটা শব্দে দিনের শুরু।

পার্ট ৩: শেখা, খুব স্বাভাবিকভাবে

ক্লাসে আজ পড়া কম, কথা বেশি।

"ভুল করলে কী হয়?" আরহান জিজ্ঞেস করল।

একজন বলল, "শিখি।"

আরেকজন বলল, "আবার করি।"

আরহান হেসে বলল, "এইটাই।"

সে বুঝল—শেখা মানে উত্তর জানা না, চেষ্টা চালিয়ে যাওয়া।

পার্ট ৪: দুপুরের নীরবতা

দুপুরে স্কুল ফাঁকা হয়ে যায়। মাদুরে রোদ পড়ে থাকে। সায়রা পানি দিয়ে মেঝে মুছে দেয় , ঘরটা ঠান্ডা হয়।
আরহান বসে বলে, "এখানে বসে থাকলেই শান্তি লাগে।"
সায়রা বলে, "কারণ এখানে কোনো তাড়া নেই।"
এই কথাটা ঘরের ভেতর ছড়িয়ে যায়।

পার্ট ৫: একসাথে থাকা, কোনো ঘোষণা ছাড়া

বিকেলে দু'জন গাছের নিচে বসে। বাতাসে পাতা নড়ে।
"আমাদের কি আর কিছু দরকার?" আরহান জিজ্ঞেস করে।
সায়রা একটু ভেবে বলে, "না… যা আছে, সেটাই যথেষ্ট।"
এই 'যথেষ্ট' শব্দটা থেমে থাকে, কিন্তু ভেতরে অনেক দূর যায়।

পার্ট ৬: যে শেষের ভেতর শুরু থাকে

রাত নামলে আকাশ ভরে যায় তারা দিয়ে।
আরহান ধীরে বলে, "গল্পটা কি এখানে শেষ?"
সায়রা হেসে বলে, "গল্প শেষ হয় না, মানুষ শুধু থামে।"
আরহান মাথা নাড়ে।
সে বুঝে—
শেষ মানে থেমে যাওয়া না,
শেষ মানে এমন একটা জায়গা পাওয়া
যেখানে আর দৌড়াতে হয় না।
বাতাস নরম হয়ে আসে।
ঘরের ভেতর আলো জ্বলে।
বাইরে অন্ধকার।
তবু আলো থাকে—
কারণ কেউ একজন পাশে আছে।

অধ্যায় ৬১: যে দিনটা মনে থাকে

পার্ট ১: অকারণ ভালো লাগা

সকালে ঘুম ভাঙতেই আরহান বুঝল—আজকের দিনটা আলাদা। কোনো কারণ নেই, তবু ভেতরে হালকা একটা ভালো লাগা। উঠোনে বের হয়ে দেখল সূর্যের আলো গাছের পাতার ফাঁক দিয়ে পড়ছে।
সায়রা এসে দাঁড়াল, "আজ হাসছেন কেন?"
আরহান বলল, "কারণ নেই।"
সায়রা হেসে বলল, "কারণ ছাড়া ভালো লাগাই আসল।"

পার্ট ২: স্কুলের ভেতর ছোট উৎসব

আজ বাচ্চারা একটু বেশি উচ্ছ্বসিত।
কেউ ফুল এনে দিয়েছে, কেউ নিজের খাতা সাজিয়েছে।
একটা মেয়ে বলল, "আজ আমরা গান গাইব।"
আরহান মাথা নাড়ল, "গাও।"
সবাই মিলে গান ধরল।
সুর ঠিক না, তবু আনন্দ ঠিক।
এই ভুল সুরটাই আজ সুন্দর।

পার্ট ৩: সায়রার চোখে দেখা মুহূর্ত

সায়রা এক কোণে দাঁড়িয়ে সব দেখছিল।
বাচ্চাদের হাসি, আরহানের মুখের শান্তি—সব একসাথে মিলে গেছে।
তার মনে হলো—এই জায়গাটা শুধু একটা স্কুল না, একটা অনুভূতি।
সে ধীরে বলল, "আপনি পেরেছেন।"
আরহান তাকিয়ে বলল, "আমরা।"

পার্ট ৪: দুপুরের নির্ভার সময়

খাওয়ার পর সবাই একটু বিশ্রাম নেয়।
মাদুরে শুয়ে কেউ গল্প করছে, কেউ চোখ বন্ধ করে আছে।
এই নির্ভার সময়টুকু খুব সহজ, তবু খুব দরকারি।
আরহান চুপ করে বসে ছিল।
তার মনে হলো—এটাই জীবন।

পার্ট ৫: দিনটার ভেতর স্মৃতি জমা হওয়া

বিকেলে বাচ্চারা চলে গেলে উঠোনটা আবার ফাঁকা।
তবু আজকের দিনের শব্দগুলো থেকে যায়।
হাসি, গান, দৌড়—সব যেন বাতাসে ভাসে।
আরহান বলল, "আজকের দিনটা মনে থাকবে।"
সায়রা বলল, "যে দিনগুলোতে কোনো বিশেষ কিছু হয় না, সেগুলোই মনে থাকে।"
কথাটা শুনে সে মাথা নাড়ল।

পার্ট ৬: যা থেকে যায়, সেটাই গল্প

রাত নামলে দু'জন উঠোনে বসে থাকে।
আকাশে তারা, চারপাশে নীরবতা।
আরহান ধীরে বলল, "আমি আগে সবকিছু ধরে রাখতে চাইতাম।"
সায়রা বলল, "এখন?"
"এখন শুধু অনুভব করতে চাই," সে বলল।
এই কথাটা খুব ছোট, তবু পুরো।
তার মনে হলো—
জীবনের সবচেয়ে সুন্দর দিনগুলো
সেইগুলোই,
যেগুলোতে কিছু বিশেষ হয় না,
তবু সবকিছু ঠিক থাকে।
আর সেই ঠিক থাকার ভেতরেই
সবচেয়ে বড় গল্প লুকিয়ে থাকে।

শেষ অধ্যায়: যে ভালোবাসা থেকে যায়

সকালটা অন্য দিনের মতোই শুরু হয়েছিল, তবু কোথাও একটা আলাদা অনুভূতি ছিল। উঠোনে হালকা কুয়াশা, দূরে বাচ্চাদের আসার শব্দ। আরহান দরজার সামনে দাঁড়িয়ে ছিল, হাতে চায়ের কাপ।
সে বুঝতে পারছিল—জীবন এখন আর দৌড় না, জীবন এখন থাকা।

ধীরে ধীরে বাচ্চারা আসতে লাগল।
কেউ দৌড়ে, কেউ হাঁটতে হাঁটতে, কেউ আবার লাজুকভাবে দরজার পাশে দাঁড়িয়ে।
"স্যার!"
একটা ডাক উঠতেই সে ফিরে তাকাল।
এই ডাকে কোনো চাপ নেই, কোনো ভয় নেই—শুধু টান।

ক্লাস শুরু হলো খুব স্বাভাবিকভাবে।
বোর্ডে আজ সে কিছু লিখল না।
শুধু বাচ্চাদের দিকে তাকিয়ে বলল,
"আজ আমরা কিছু শিখব না, শুধু থাকব।"
বাচ্চারা হেসে ফেলল।
কারণ তারা জানে—এখানে শেখা আর থাকা আলাদা না।

দুপুরের দিকে ক্লাস শেষ হলে বাচ্চারা একে একে চলে গেল।
ঘরটা আবার নীরব।
তবু এই নীরবতার ভেতরেও শব্দ আছে—স্মৃতি, হাসি, গল্প।

সায়রা দরজার পাশে দাঁড়িয়ে ছিল।
সে ধীরে বলল,
"আপনি খুশি?"
আরহান একটু ভেবে বলল,
"হ্যাঁ··· এখন বুঝি, খুশি হওয়া খুব কঠিন কিছু না।"

সায়রা হালকা হাসল।
"আপনি দেরিতে শিখেছেন," সে বলল।

আরহানও হেসে ফেলল।
এই হাসির ভেতরে কোনো চাপ নেই, কোনো আড়াল নেই—শুধু সত্যি।

বিকেলে তারা দু'জন মাঠের পাশে গিয়ে দাঁড়াল।
যেখানে বাচ্চারা দৌড়ায়, পড়ে যায়, আবার উঠে দাঁড়ায়।
আরহান বলল,
"আমি আগে সবকিছু জিততে চেয়েছিলাম।"
সায়রা জিজ্ঞেস করল,
"এখন?"
সে ধীরে বলল,
"এখন আমি শুধু থাকতে চাই।"

কথাটা খুব ছোট।
তবু এর ভেতরে পুরো গল্পটা লুকিয়ে আছে।

সূর্য ধীরে ধীরে নিচে নামছিল।
আকাশে লাল আলো ছড়িয়ে পড়ছে।
চারপাশে নীরবতা, কিন্তু সেই নীরবতাও এখন আর ফাঁকা না।

আরহান আকাশের দিকে তাকিয়ে বলল,
"সবকিছু শেষ হয়ে গেছে মনে হয়।"
সায়রা মাথা নাড়ল,
"না··· সবকিছু ঠিক হয়ে গেছে।"

এই দুইটা বাক্যের পার্থক্য খুব ছোট,
কিন্তু অর্থটা অনেক বড়।

কিছুক্ষণ তারা চুপ করে দাঁড়িয়ে রইল।
কোনো কথা নেই, তবু সব বলা হয়ে যাচ্ছে।

আরহানের মনে হলো—
জীবনে সে অনেক কিছু হারিয়েছে, অনেক কিছু পেয়েছে,
কিন্তু শেষ পর্যন্ত সে যা পেয়েছে,

সেটা খুব সাধারণ—
একটা শান্ত জায়গা,
একজন মানুষ,
আর কিছু ছোট ছোট মুহূর্ত।

এই ছোট জিনিসগুলোর ভেতরেই
তার পুরো জীবনটা বদলে গেছে।

রাত নামল।
আকাশে তারা জ্বলতে শুরু করল।
ঘরের ভেতর আলো জ্বলে উঠল।

আরহান দরজার সামনে দাঁড়িয়ে ছিল।
সায়রা পাশে এসে দাঁড়াল।
সে ধীরে বলল,
"তুমি জানো… আমি আগে ভাবতাম ভালোবাসা খুব বড় কিছু।"

সায়রা তাকাল।
"এখন?"

আরহান হাসল।
"এখন মনে হয়, ভালোবাসা খুব ছোট ছোট জিনিসে থাকে।"

সায়রা কিছু বলল না।
শুধু তার পাশে দাঁড়িয়ে রইল।

কারণ কিছু উত্তর
কথায় দিতে হয় না।

আর সেই মুহূর্তে
আরহান বুঝল—

ভালোবাসা মানে জেতা না,
ভালোবাসা মানে পাওয়া না,
ভালোবাসা মানে শুধু থাকা।

আর যে ভালোবাসা থাকে,
সেটা কখনো শেষ হয় না।

www.ingramcontent.com/pod-product-compliance
Lightning Source LLC
LaVergne TN
LVHW101500200926
848483LV00001B/175